Amor a pie de página

UNA COMEDIA ROMÁNTICA CONTEMPORÁNEA
HISTORIAS DE AMOR Y CAFÉ – LIBRO 1

EVA ALTON

AUTORISSIMO

Amor & Café

HISTORIAS DE AMOR Y CAFÉ – LIBRO 1

Otros Libros de Eva Alton:

Historias de Amor y Café
Amor a pie de página
Amor en construcción
Mi compañero de piso imperfecto

Serie Serenata Nocturna
Iris – Hechizo de Sangre
Selena – Luna de Lobos
Mina – Espíritus de Sombras

Fantasía Histórica
Notas Ocultas

Serie Los Vampiros de Emberbury
Bruja Extraviada
Espejo de Bruja
Mascarada de Brujas
Elementos de Bruja
El Beso Azul Cobalto
La Ayudante del Vampiro

Únete al club exclusivo de lectoras VIP de Eva Alton y disfruta de una novela gratis. Encontrarás más información al final de este libro.

Para Riccardo.

Elogios de la crítica sobre Eva Alton:

«El ingenio y humor de Eva le añaden un encanto especial. La mezcla de problemas cotidianos y momentos cómicos y absurdos hacen de esta novela una lectura fabulosa.»

«No pude soltar el libro; cada capítulo me dejaba con ganas de más. Perfecto para quienes buscan una historia romántica que te haga sonreír.»

«Una lectura maravillosamente entretenida y divertida.»

«Una comedia romántica encantadora, divertida y original que me tuvo totalmente enganchada.»

«Es una novela distinta, pero Eva Alton mantiene su sello de gracia, ingenio y talento en cada página.»

«Me dije que solo leería un par de capítulos antes de dormir. Un par de horas después, había devorado cada página. ¡Una historia brillante y adictiva!»

«*La manera en que usas tus días es, a fin de cuentas, la manera en que usas tu vida.*»

—Anne Dillard, autora americana.

«*Dame una zanahoria orgánica y moveré el mundo.*»

—Kieran, influencer y autor de *El bosque de las zanahorias vibracionales.*

Clásico del día: Frankenstein

Sinopsis:

Víctor Frankenstein une trozos de varios cuerpos diseccionados y termina creando un monstruo por accidente.

Conclusiones personales:

Hay cosas que no deberían juntarse en la misma novela porque el resultado puede ser terrorífico. Por poner un ejemplo, las zanahorias y el cosmos.

Nota: 4 estrellas sobre 5.

1

Klara

No sé si las zanahorias tienen sentimientos, pero esta de aquí está hiriendo los míos.

Dejo el boli a un lado, harta de hacer tachones sobre la tercera versión de *El bosque de las zanahorias vibracionales*. Ya sé que suena a broma, pero más quisiera yo. Es un título de verdad, y este libro va a ser publicado en menos de un mes por la editorial para la que trabajo. El autor es un *influencer* que saltó a la fama tras afirmar en las redes que podemos hacer los vegetales más sanos si conectamos con su energía vibracional. Ahora ha escrito una novela para ilustrar el concepto, y a mí me toca corregir el manuscrito. Por desgracia, mi futuro ahora pende de un hilo y está ligado al éxito de sus zanahorias cuánticas.

Levanto el boli y releo la misma frase por cuarta vez, con la cabeza a punto de explotar:

> *«La zanahoria rebelde sacudió su penacho y miró profundamente al triste humano de baja vibración.*
> *—¡Percibo tus pensamientos negativos! —*

exclamó—. *¡Me duelen los pelos radiculares solo de hacer la fotosíntesis cerca de tu aura!*»

Por más que lo leo no soy capaz de entender si se trata de una pelea, de una receta de cocina o una escena erótica escrita en metáforas.

Aunque, sinceramente, dudo que *Kieran, El Vegano Cuántico* (nombre real: Paco Pérez), sea capaz de escribir erótica de ningún tipo, y menos aún con metáforas.

Pero el caso es que Cecilia, mi jefa, no para de presionarnos para que terminemos a tiempo. Lleva meses prometiéndome un ascenso, que nunca sucede. Al final tendrá razón mi ex, Markus, que era un engreído, pero también bastante inteligente: siempre me decía que estaba perdiendo mi tiempo en esa editorial, y debería dedicarme a trabajar para él (gratis).

—Klara, ¿tú dirías que una zanahoria puede recular? —pregunta Paula, irrumpiendo en mi despacho sin previo aviso.

Le doy un sorbo más a mi café solo para darme cuenta de que está vacío. Suspiro y me levanto para ir a buscar otro, pero ella me bloquea el paso con un boli en la mano, como si fuera un guerrero con su espada. A estas horas, la oficina de la editorial es una ciudad fantasma donde solo quedamos Paula y yo.

—Espera —insiste—. Es que no me queda claro cómo puede *recular* si no tiene pies. ¿No sería mejor decir que *dio un saltito hacia atrás*?

Santa Calabaza, esto es el colmo.

—Son las once de la noche, Paula, y no sé ni cómo sigues hablando. Tengo los ojos pegados y el cerebro en *stand-by* —le respondo, pasándome la mano por la cara—. Si no me dejas pasar ya para que consiga otro café, no respondo de mis actos.

Paula se aparta lo justo para dejar que me escurra entre dos escritorios, pero sigue persiguiéndome por el pasillo desierto hasta la máquina expendedora.

—Mira, Klara, es que la jefa quiere que le entregue esto en dos días y yo tengo muchas dudas acerca del estilo de Kieran —continúa ella, enérgica como si se pasara el día bebiendo batidos orgánicos bendecidos—. Si lo piensas, la zanahoria solo tiene un tronco. O una pierna... no sé, ¿cómo lo llamarías? Y luego está lo del brócoli malvado. Cuando Kieran dice eso de que "cenaban sopa de verduras cada noche", ¿cómo lo interpretas? ¿Está insinuando que es un brócoli caníbal, o se trata de una licencia literaria? ¿El adjetivo correcto sería *cruel* o *sanguinario*? Porque, además, ¿los brócolis tienen sangre o savia?

—Paula... —respondo, con la moneda de un euro temblándome entre los dedos—. Me da igual lo que diga Cecilia. Estamos haciendo horas extras gratis para corregir un libro sobre zanahorias antropomórficas que hablan. Kieran tiene un millón de seguidores que comprarían hasta un libro de fotos de sus mocos, y sospecho que les dará absolutamente igual si el brócoli es cruel o sanguinario, porque no compran la novela por su calidad literaria, sino por el autor.

La máquina de café zumba con ese sonido mágico que anticipa al chorrito de café cayendo dentro del vaso. Aleluya, alabado sea el elixir de los insomnes. Cojo el vasito y me doy la vuelta para volver directamente a mi escritorio, antes de que Paula me pregunte alguna chorrada más.

—Bueno, ¿entonces qué? —chilla Paula, persiguiéndome—. ¿Reculó o brincó?

—Paula, ¿por qué no brincas un rato a la pata coja en dirección a tu mesa, y así compruebas qué le pega más a una zanahoria iluminada? —le digo, incapaz de soportar esa tortura un minuto más.

—¡Eh, tampoco te pongas así! —se queja, aunque la veo sujetándose en una estantería para sostenerse sobre un pie.

Da un saltito y se muerde el labio, pensativa. Luego se aleja saltando como un canguro y murmurando algo para sí, y yo me concentro de nuevo en los pelos radiculares de mi protagonista.

—¡Ah, por cierto...! —dice, interrumpiendo su ejercicio y girándose hacia mí sobre una pierna—, vi a la jefa cuando se marchaba. Estaba echando pestes porque no contestaste a su email.

—¿Un email de Cecilia? —Sinceramente, con todo el lío del libro ni siquiera he abierto la bandeja de correo—. No lo he visto. ¿Y qué dice?

—Pues ni idea. Pero contéstale, que estaba cabreada. Dice que pasas de ella.

Suspiro y abro los emails. Tengo cincuenta y tres, y la mitad son de la jefa. Me ha reenviado el mismo treinta veces, tal y como suele hacer:

Asunto: Presentación de Kieran

Klara,

Necesito que vayas urgentemente a la librería La Catedral Azul y confirmes la fecha para la presentación del libro del Vegano Cuántico.
Luego pasa por la verdulería y recoge el género para hacer las pruebas de fotografía. Ya está todo encargado y pagado, solo tienes que recogerlo.

Cecilia Quintero
Directora General de Editorial Papel Reciclado

Pongo los ojos en blanco y cierro el mensaje. Me giro de nuevo hacia Paula.

—¿Por qué narices no va ella? Yo soy solo una editora junior. Eso no me corresponde a mí.

Paula se ríe en voz baja.

—Creo que estuvo llamando a la librería, pero el dueño es un ogro. Le colgó el teléfono y se niega a hablar con ella. —Paula se encoge de hombros alegremente—. Por eso quiere que vayas tú. Eres más simpática.

Fantástico. Solo me faltaba también tener que organizarle la presentación al loco de las zanahorias. Como si corregir su esperpento de novela no fuera suficiente.

—Lo que sea. Mañana me pasaré. Ahora voy a seguir con esto, a ver si consigo terminar un par de capítulos más.

—Por cierto, muy buena la entrada del blog —comenta Paula guiñándome el ojo, y luego se marcha—. Menos mal que la jefa no sabe que eres tú, porque se te vio un poco el plumero... Pero me gusta. Divertida, atrevida. Como tú.

Cojo un trozo de zanahoria cortada, lo parto por la mitad y escucho el satisfactorio crujido. Luego lo mojo en el bol de hummus que compré esta mañana en el supermercado. Según Google, la cantidad de bacterias que se acumulan después de dejar el hummus tres horas fuera de la nevera sería suficiente para arrasar con un pequeño país europeo. Pero a estas alturas ya me da igual, y le doy un buen mordisco a la zanahoria.

—A ver si ahora reculas o brincas, maldita — le digo, y eso me hace sentir ligeramente mejor.

2

Gabriel

Acaricio a Kafka entre las orejas, justo donde más le gusta, y le acerco una zanahoria fresca. Es su aperitivo preferido, solo después de la lechuga que suelo comprar en la frutería de camino a la librería. Kafka, el conejo *belier* blanco, se ha convertido en mi único compañero desde que se marchó Patricia, aunque tampoco la culpo, viendo el estado de mi vida.

Bajo la mirada hacia la pila de cartas y papeles impresos que hay sobre el escritorio. Solo hay una que me guste, y es la de Yuri, el ruso desconocido con el que llevo varios años jugando una partida de ajedrez por carta.

Pero el resto de mensajes duelen más que un tenedor en el ojo cada vez que los miro, y me resisto a abrirlos. Entre ellas está el balance de mi contable, y contiene nuestra sentencia de muerte.

La mía, y de todos aquellos que honraron la verdadera literatura y se desvivieron por ella antes de mí.

Si no hago algo pronto, esta antigua librería no volverá a abrir sus puertas tras el final de este mes, y todo habrá sido para nada: los años de soledad, las noches de dedicación, los fines de semana tras el mostrador, esperando a clientes que nunca llegan.

La Catedral Azul ha sido siempre mi vida, mi inspiración y mi hogar. Con sus altos techos y vitrales que proyectan luces de colores cuando el sol entra, no puedo imaginarme sin ella. Mi familia fue la primera en restaurar la fachada y darle ese rico tono azul cobalto que la hace especial y única.

Pero las cuentas son claras: las ventas han caído, las deudas con proveedores se han disparado, y la única que entra aquí es la corriente, a través de los cristales rotos.

—Kafka, ¿te imaginas dejar todo esto? —le pregunto en voz baja—. ¿Te imaginas venderlo todo y trabajar de empleado en una multinacional, vendiendo libros malos, teles y patinetes eléctricos?

El conejo, como siempre, sigue masticando lechuga sin inmutarse. Desde que nos tuvimos que mudar aquí a tiempo completo, no sale mucho de la librería: seguramente por eso no entiende mi odio hacia los patinetes eléctricos. A veces lo envidio: su vida es mucho más sencilla que la mía. Me imagino cómo me sentiría si mis únicas preocupaciones fueran dormir, roer cables, y hacer cacas perfectamente esféricas. Cada día me parece más atractivo eso de convertirme en conejo doméstico.

Me levanto y entro en la trastienda, presidida por una mesa plegable con un tablero de ajedrez. Abro la carta de Yuri, que solo contiene un código impreso en una impresora de aguja, sobre papel pijama. El mensaje es escueto, como siempre:

«Kd6 64.»

Muevo el rey a la casilla d6 y sonrío.

Mala jugada, Yuri.

Esta tarde sin falta le contesto. Las reglas dicen que tenemos hasta treinta días para pensárnoslo, pero esta vez ni siquiera me hará falta.

A lo mejor estoy perdiendo en la vida, pero al menos ganaré en el ajedrez por correo.

Esta librería ha pertenecido a mi familia durante décadas. Siglos atrás, fue una pequeña iglesia gótica, más tarde desacralizada, y tuvo usos muy variados, desde albergar viviendas precarias hasta un polvorín camuflado. Luego mi tatarabuelo se hizo con ella y la restauró con mucho esfuerzo y trabajo, cuando estaba casi en ruinas. En sus últimas voluntades pidió que sus sucesores continuaran su misión de vida, que se convirtió así en un objetivo familiar. Todas las generaciones de los Delmer juraron dedicar sus vidas a promover la literatura de calidad y hacerla visible, luchando contra los gurús del marketing sin escrúpulos.

Eso era un poco más fácil en tiempos de mi abuelo, cuando no había libros electrónicos, ni multinacionales gigantes; pero hoy en día no es sencillo que te salgan las cuentas si, por principio, te niegas a vender justo esos títulos que encuentras en la mesa de *bestsellers* de las librerías comerciales. A veces, cuando voy a la estación de trenes para visitar a mi primo José Luis en el pueblo, me paro en la sección de libros. Cada vez que lo hago me pregunto si solo existen seis autores en todo el país. A juzgar por la selección de títulos expuestos, uno diría que sí.

Nuestra noble misión, la misión de la familia

Delmer, es encontrar tesoros ocultos, y ponerlos al alcance de la gente. Me he dedicado a esto desde que empecé a ayudar en la tienda con apenas catorce años. Ahora tengo ya treinta y tantos, y me siento como un Don Quijote moderno, luchando contra los molinos de viento de la tecnología y la literatura para las masas. Quizás es por eso que siempre he estado solo, pero tampoco es que me importe. Tengo a Kafka, que me alegra los días con su agradable compañía y, a diferencia de otra gente con la que he convivido, jamás causa problema alguno.

El monitor del ordenador se apaga de golpe, y suelto un taco en voz alta.

—¡Kafka, conejo malo!

Diantres. Ha vuelto a comerse el cable del monitor, y debe de ser el tercero que se zampa este año. Despego el post-it que hay sobre la pantalla, ahora apagada. En él pone: *comprar rollo de protector de cables*. Lleva ahí un tiempo, pero he estado bastante ocupado buscando maneras de vender libros. Lo pongo sobre la mesa y apunto: «*Comprar cable para monitor*». Kafka salta sobre el escritorio y bosteza, mostrando cuatro incisivos desproporcionadamente grandes. Tacho lo que acabo de escribir y añado: «*Comprar DOS cables para monitor*».

Suena la campanita y entra una clienta, la primera del día. Es una señora de aspecto amable, con el pelo grisáceo y un bolsito rojo de mano. No tiene pinta de turista; con suerte no viene a preguntarme por dónde se va a la Sagrada Familia, como la mayoría de los que pasan por aquí.

—¿Tiene el último de Carmen Muelas? —dice desde el pasillo, mirando los libros con desconfianza, como si acabase de aterrizar en un planeta alienígena.

—Pues no, justo ese no lo tengo —le explico, ya acostumbrado a esa pregunta—. Pero le puedo recomendar esos dos de ahí, que son de un estilo parecido. —Me acerco y le tiendo uno de mis preferidos, que tiene además una vistosa portada roja y blanca—. Mire este, por ejemplo. Es una novela negra titulada *Las hijas*. Lo ha escrito un autor local de gran talento, y está firmado y todo. Ganó un premio independiente el año pasado, en un certamen de thriller de Salamanca.

La señora mira el libro sin tocarlo y sacude la cabeza.

—No, no me sirve. Es que es para un regalo, y tengo que quedar bien. Mi hijo tiene poco tiempo libre, y solo le gustan los libros buenos de verdad. Ya sabe: esos que solo con ponerlos en la estantería hacen que la casa cobre un aire más digno. Libros famosos y con presencia... —Señala el libro que le ofrecía, negando con la cabeza—. Como entenderá, si uno solo lee dos novelas al año, tienen que ser de autores consagrados, y no... esto.

Se me disparan las cejas hacia el cielo, y aprieto *Las hijas* contra el pecho con aire protector.

—Claro —le digo resignado a la clienta, sabiendo que no voy a convencerla—. Tiene mucha lógica. Mire, ¿ve ese edificio de allí? ¿Junto al camión de la basura?

La mujer asiente despacio.

—Ahí encontrará una librería muy grande y famosa, y seguro que tienen todos los títulos que busca. Hasta puede que le regalen unos auriculares, si compra muchos.

La mujer se va feliz con su bolsito, y yo mientras me meto debajo de la mesa a intentar reparar la conexión de mi pantalla de ordenador.

—La gente ya no aprecia los libros si no los pueden poner en un selfi —gruño para mis adentros, mientras le pongo celo a la parte mordida del cable—. Solo les importa la portada, y los cantos decorados: lo de dentro da igual, lo mismo podrían poner la misma frase mil veces. ¡Malditos *bookstagrammers*! Por su culpa los libros se han convertido en objetos decorativos. ¡Eso de leerlos es cosa del pasado!

Un sonido familiar me saca de mis amargos pensamientos: otra vez la campanita de la puerta al abrirse.

—Señora, la librería que le decía está justo enfrente. ¿Es que no ve el cartel? Es enorme, amarillo plátano...

Saco la cabeza por debajo de la mesa, y Kafka, como siempre, se sube a mis hombros en un segundo.

Es en ese momento cuando la veo. Y me doy cuenta de que esta mujer... no es en absoluto la que yo esperaba.

Es una chica joven, menuda, pero con un aire elegante y desenfadado a la vez que me desconcierta. Su melena castaña brilla bajo la luz que se filtra a través de las vidrieras de la librería, creando destellos dorados que casi parecen intencionados.

No tiene una belleza clásica, pero es imposible no mirarla. Sus ojos, grandes e inquisitivos, escanean los estantes como si analizase cada libro.

Lleva una pila de libros bajo el brazo, y en la otra mano carga una bolsa de la que sobresalen... ¿zanahorias? Me sorprendo a mí mismo pensando que lleva esas zanahorias con sorprendente elegancia. Y entonces...

—¡Espere, no se mueva! —le digo, pero estoy atrapado entre las patas de la mesa y la silla, y tengo un conejo hambriento encima, que se me adelanta.

Kafka se lanza directo hacia ella, o, mejor dicho, hacia su enorme bolsa de zanahorias, y la derriba en medio del pasillo.

La mujer grita y cae hacia atrás, derribando un expositor, mientras el conejo devora zanahorias como si fuera una piraña blanca y peluda.

Salgo a gatas de debajo de la mesa y me planto junto a la clienta, y veo con horror que ha volcado la estantería que contiene los libros de tapa dura con cantos dorados, esos de edición limitada que valen una pasta y ya no voy a poder devolver a la editorial porque ahora tienen todas las esquinas dobladas.

—¿Qué leches es esta bestia fuera de control? —grita ella, mirando a Kafka con miedo.

Sigo a cuatro patas.

La miro a ella.

Miro mis valiosísimos libros arruinados.

Kafka se aparta de la recién llegada y me salta

sobre la espalda, mascando zanahoria con un aire de absoluta felicidad.

—No sé si eres consciente, pero acabas de destrozar diez ejemplares de más de cincuenta euros —digo, intentando sonar serio y calmado, aunque es difícil cuando tienes un conejo encima y alguien acaba de estropear algunos de los libros más caros que tienes.

Ella se yergue un poco y empieza a recoger sus zanahorias.

—¿Yo? —responde molesta—. Yo no he sido. Ha sido ese maldito conejo. Pásale a él la factura.

—El conejo, que por cierto se llama *Kafka*, no tiene la culpa de que hayas entrado aquí cargando diez kilos de zanahorias. ¿Es que tienes una adicción, o qué?

Me mira con aspecto desafiante y aprieta la bolsa contra sí.

—Son para una sesión de fotos —replica defensiva.

Dentro de la bolsa diviso al menos cinco coles, y varias cabezas de brócoli. No sé qué clase de fetiches tiene esta chica, pero eso de hacerse fotos con verduras es lo más raro que he oído en mi vida. ¿Será algo del OnlyFans ese?

Tomo aire.

—Tendrás que pagar por los libros que has dañado —le digo con tono serio, el más serio que puedo conjurar mientras sostengo un conejo, rodeado de coliflores, a cuatro patas en el pasillo de mi librería—. Es la política de la casa.

—De acuerdo —responde de mala gana—. Te

pasaré los datos de mi editorial para la factura. Cárgaselo a ellos. Y, ahora, si no te importa, me gustaría hablar con el dueño. —Desbloquea el móvil, consulta algo—. Se llama Gabriel Delmer. ¿Dónde podría encontrarlo?

Suelto al conejo y me cruzo de brazos.

Ya veo. Otra listilla de editorial que viene a decirme lo que tengo que vender. Pues se va a llevar un chasco.

—Aquí estoy. ¿Cuál es el problema?

La mujer me observa con una mezcla de incredulidad y sorpresa, pero en lugar de hacer un comentario sarcástico, su expresión cambia. Se levanta, se sacude la ropa, y me dice:

—Ah, pues encantada entonces. —Me tiende la mano, completamente cambiada y mucho más dulce—. He venido a hacerle una propuesta de colaboración.

Echa un último vistazo a Kafka, que se está terminando una zanahoria que le ha robado. Se lo piensa un momento y le tiende otra, especialmente tierna y anaranjada. Su nueva actitud me resulta más que sospechosa.

—Toma, pequeñín, esta parece más dulce —le dice, y luego se gira hacia mí con total seriedad—. Soy Klara Schultz, de la Editorial Papel Reciclado. Nos gustaría colaborar con su librería para un evento.

Me pongo de pie y me sacudo una hoja de col del chaleco.

—Si bien recuerdo, ya me llamaron ayer —respondo secamente—. Y les respondí lo mismo que a todos: no me interesan colaboraciones con grandes editoriales. Aquí solo apoyamos a pequeños autores de calidad. No vendemos literatura de masas.

Ella sonríe de manera un poco forzada, como si ya se hubiera esperado mi respuesta.

—Ya, pero esto es una gran oportunidad. —Hace una pausa, mirando alrededor como si se preparara para soltar una bomba. Luego baja la voz—. Se trata de alguien muy, muy famoso.

Alzo una ceja y ladeo la cabeza, invitándola a continuar.

—Se trata de... —Traga saliva, como si le costara decirlo, y luego suelta—. El Vegano Cuántico.

Parpadeo sin entender.

—¿Perdón? ¿Quién?

—¡El Vegano Cuántico! —repite, esta vez en voz alta, enfatizando cada palabra—. ¡Un millón de seguidores! Claro que lo conoces. Todo el mundo lo conoce. Kieran. Ni siquiera usa apellido, de lo famoso que es.

Me quedo en silencio un segundo, intentando decidir si me está tomando el pelo o no.

—¿Y se puede saber quién es ese tal Kieran?

—Pues es... —La chica mira con apuro hacia su enorme bolsa de verduras, eligiendo sus palabras—. Es un gurú de la vida sana que va a sacar su primera novela. Su teoría es que deberíamos comer solo verduras de frecuencia alta, para evitar desequilibrar nuestros chacras. Y, ahora... —Se muerde el labio en un gesto bastante sexi. Creo que hasta ella se da cuenta de lo ridículo que suena todo eso—. Ahora Kieran ha escrito una novela. En realidad, dos. Son cuentos poéticos que ilustran su teoría de las verduras cósmicas. La protagonista es...

—Mira al conejo. Luego a mí. Se sonroja hasta las cejas—. La protagonista es una zanahoria.

Me observa, conteniendo la respiración. Se nota que se ha aprendido ese discurso de carrerilla y no es la primera vez que lo suelta.

Creo que mis pies se han vuelto de hormigón. Sí, acabo de quedarme hormigonado al suelo después de escuchar esa sarta de sandeces. Creo que jamás podré volver a moverme.

—A ver... —le digo, apoyándome en el borde del mostrador—. Si bien entiendo, quieres que promocione en mi librería a un charlatán de redes sociales que se ha vuelto viral vendiendo pseudociencia disfrazada de sabiduría ecológica. ¿Es correcto?

Ella niega repetidamente, con una sonrisa tensa.

—No, no es lo que piensas. Kieran tiene un montón de clientes satisfechos. ¡Solo mira los testimonios en su web! Todos de cinco estrellas. Sé que no es el tipo de autor que sueles promover, pero...

Resoplo y doy la vuelta al mostrador para acceder a la caja registradora. Quería sacarle la factura de todas las ediciones limitadas que acaba de cargarse, pero enseguida recuerdo que el monitor sigue sin funcionar, gracias al maldito conejo comecables.

—Te mandaré la factura a la editorial —le digo, zanjando el asunto—. Editorial Papel

Reciclado, ¿se llama así?

—¡Espera! —insiste, apoyándose sobre el mostrador con todo el cuerpo—. ¿Eso es un sí o un no? ¿Qué le digo entonces al Vegano Cuántico?

La miro parpadeando, con la boca abierta de pura incredulidad.

—Dile que se vaya con sus zanahorias a otra parte.

—¡Pero estamos dispuestos a pagar lo que haga falta! —insiste.

—La Catedral Azul es una librería seria, y jamás nos venderemos, ni por todo el dinero del mundo.

El conejo me mordisquea los bajos del pantalón. Creo que, si pudiera hablar, aceptaría el trato en mi lugar. Por suerte, no puede.

—¿Cuánto? —dice ella desafiante—. ¿Cuánto pides?

Señalo hacia la salida, ignorando su pataleta.

—Nada. Ya te lo he dicho. Soy incorruptible.

—¿Diez mil? ¿Más toda la publicidad gratis?

Suelto un bufido. Suena tentador, pero yo soy un hombre de integridad. No me vendo, y no quiero ese tipo de publicidad. Prefiero hundirme como el Titanic, con todos mis libros. Ella, sin embargo, insiste:

—¿No te das cuenta? Se trata de Kieran, el super famoso nutricionista cuántico, el primero que...

—¡Largo! —le espeto—. ¡Y no vuelvas a pronunciar ese nombre en mi librería!

La campanita de la puerta suena de nuevo.

Un cliente nuevo entra y nos interrumpe. Klara me mira fijamente, frustrada pero contenida, como si aún estuviera sopesando cómo volver a abordar la situación.

—Oiga, ¿tiene el último libro de Muelas? —me pregunta el recién llegado.

Esto no puede ser. ¿Es una maldición?

—Te aviso, Gabriel —me dice Klara en voz baja antes de irse—, no me rindo tan fácilmente. Y esa presentación se hará en esta librería, lo quieras o no. Ya lo verás.

Da un último vistazo a Kafka, se gira y sale de la librería, dejando tras de sí una estela de perfume cítrico y hojas de zanahoria.

Mientras la veo salir, miro las facturas amontonadas en el escritorio y siento un nudo en el estómago. ¿Y si está en lo cierto? ¿Y si ese estúpido *Vegano Cuántico* es la única oportunidad de salvar mi librería?

No. Nada de eso. *Mejor morir de pie que vivir arrodillado*. Resistiré lo que haga falta.

El cliente nuevo se marcha, decepcionado, sin siquiera despedirse. Lo veo entrar en la librería de enfrente, la de color plátano.

Madre mía. Voy a morir de pie, solo, y con un conejo entre los brazos.

Blog de Klara Comelibros, 3 de septiembre

Clásico del día: El retrato de Dorian Gray

<u>Sinopsis:</u>
Dorian Gray vende su alma y sus principios a cambio del disfrute terrenal.

<u>Conclusiones personales:</u>
Si conoces a alguien que te recuerde a Dorian Gray, trata de alejarte de su círculo de locura, o de lo contrario te arrastrará a él. Sobre todo, ni se te ocurra editar sus novelas, ni menos aún entrar en su casa, porque podrías terminar con peor cara que el retrato del susodicho.

Nota: 5 estrellas sobre 5.

3

Klara

He dormido cuatro horas. No he desayunado, pero llevo ya dos cafés... tres cafés, ahora que lo pienso. Y acabo de ser atacada por una enorme bola de pelo blanco con dientes. El dueño de dicha bola de pelo es un librero alto con gafas y muy malas pulgas que, sinceramente, habría podido ganarse la vida mucho mejor como modelo de revista, o cualquier otra profesión en la que bastase con ser guapo, estar callado, y no insultar a los clientes potenciales.

Por si eso fuera poco, ahora mi jefa no atiende a razones cuando le explico que el ogro de la librería no está de acuerdo con su propuesta, y necesitamos buscar otro sitio rápidamente.

—Mira, hay cientos de sitios en Barcelona que le irían a la perfección a *El bosque de las zanahorias vibracionales* —le digo a Cecilia por teléfono, con la esperanza de que alguna de mis palabras haga mella—. ¿Qué tal esa tan bonita y moderna del centro comercial? ¿La *Snack-Book* del Maremagnum?

—¡Ya te he dicho que no puede ser en un centro comercial! —responde furiosa—. Tiene que ser en un lugar antiguo, con encanto, en el centro histórico. Kieran no puede entrar en centros comerciales. Se le ensucia el aura, o no sé qué. Solo

21

le gusta La Catedral Azul. Pasó un día por la puerta y se enamoró, así que tendrá que ser allí. Si no es en esa librería, se niega a salir de su pueblo de cabras.

Respiro hondo, intentando no perder la paciencia.

—Sí, lo entiendo, pero eso va a ser difícil, sobre todo porque el dueño de La Catedral Azul no quiere. Podría intentar torturarlo, pero creo que es ilegal.

También podría raptar a su conejo, se me ocurre de repente. Mi parte más maléfica considera la idea por un segundo, pero decido no decírselo a Cecilia. Conociéndola, es capaz de tomárselo en serio y pedirme que lo haga de verdad.

—Mira, vuelve a hablar con él —insiste—. Explícale que es una gran oportunidad, que Kieran publicará su presentación en las redes y la verán un millón de seguidores. ¡Se le llenará esa librería polvorienta! ¿Tú has entrado? ¡Si parece la cripta de un vampiro, solo hay libros raros y telarañas! Dicen que cría animales de granja ahí dentro. —Suspira—. ¿A lo mejor por eso le gusta tanto a Kieran?

—En realidad es bastante bonita —comento, un poco a mi pesar—. Pero el dueño es un anticuado y muy testarudo, y se niega a colaborar con un *influencer*. Pero Barcelona está llena de librerías cuquis. Seguro que en alguna nos dejarían meter un par de gallinas, si es tan importante para él.

—No —responde Cecilia categóricamente—. Ya sabes cómo es Kieran. Se ha empeñado en que sea en La Catedral Azul, y si no lo hacemos, entrará en estado meditativo y dirá que sus guías espirituales ya no quieren que trabaje con nosotros. Peor aún, ¡podría llevarse su próximo libro a otra editorial!

Sí, sería una gran pérdida si mi editorial perdiese la oportunidad única de publicar *Amor en tiempos de espirulina cósmica*. Lo pienso, pero no se lo digo, porque el sarcasmo no me paga el alquiler.

—Si no eres capaz de hacer entrar en razón a un maldito librero, entonces ve y trata de convencer a Kieran —dice Cecilia, categórica—. Si lo consigues, puedes hacer la presentación donde te dé la gana. Pero no vas a poder, ya te lo digo por adelantado. Es muy testarudo. Y se ha empeñado en que sea ahí.

Me encojo de hombros. Vale, el tipo es excéntrico, pero no sabe con quién está tratando. Cuando yo me propongo algo, solo una catástrofe nuclear puede detenerme. Bueno, eso, y las críticas de mi ex, pero ahora es mi ex, ¿no?

—Bien, le llamaré ahora mismo —respondo con seguridad.

—¿Qué dices? ¡No puedes llamarle, Klara! Kieran no usa móvil. Tiene demasiada radiación y le desequilibra el aura —me lo dice con tono desafiante, y suena a "no tienes ni idea de dónde te estás metiendo"—. Tendrás que ir a su casa y convencerlo en persona.

—¿Perdona? ¿Ir a su casa? Pero si tiene un millón de seguidores en Instagram. ¿No puedo mandarle un mensaje y punto?

—Al parecer solo enciende el iPhone cinco minutos al día, para publicar y contestar a sus seguidores más fieles. Luego lo apaga y lo mete en la cámara antirradiación. Ya sabes, esa misma que vende en su tienda...

—Madre del amor hermoso. Menuda cara más dura.

La jefa se calla. Sé que jamás dirá nada en contra de nuestra gallina de los huevos de oro, pero estoy segura de que, si pudiera leerle la mente, estaría pensando lo mismo que yo.

—Bueno, ¿entonces te paso la dirección de su eco-guarida o no?

Cecilia me desea buena suerte, y creo que voy a necesitarla. Cuelgo el teléfono, algo malhumorada: esa historia hace aguas por todas partes. ¿Un tipo que está convencido de que el wifi afecta el alma, pero vende cámaras antirradiación en una tienda *online*? ¿Un gurú que afirma que las zanahorias son seres conscientes, pero se pasa el día licuándolas?

La verdad, no entiendo nada.

Pero quiero un ascenso: eso está claro. Y no voy a dejar que este pirado se interponga en mi carrera.

***

Subo a la oficina, imprimo una lista de librerías alternativas y luego voy hasta el parking subterráneo donde tengo el coche. Meto la dirección en el GPS y me pongo en marcha.

Cuando llego allí, después de un largo camino de baches y barro, mi humor ha empeorado bastante y estoy al borde de la resignación total. Me detengo en una aldea a las afueras de Barcelona, frente a una especie de casa rural aislada y rodeada de una cerca hecha de ramas torcidas. Por todas partes cuelgan móviles de campanitas y banderas de oración tibetanas.

Perfecto. Al menos sé que no me he perdido.

Subo por el sendero de grava encharcado y lo primero que escucho es una especie de música de flauta... ¿o será el silbido del viento al pasar por esa verja tan rara? Cuando finalmente llego a la puerta principal, me encuentro frente al jardín y la escena es aún más surrealista.

Tras unos arbustos, Kieran está dando lo que parece ser una clase a un grupo de personas... y todos están desnudos. No, espera, no están del todo desnudos, llevan pequeños taparrabos con dibujos de verduras. Bailan en un círculo, levantando los brazos hacia el cielo, mientras Kieran toca una flauta de madera en el centro del grupo. ¿Qué demonios?

Me escondo detrás de un rosal lleno de piojos y observo la escena. Hay algo fascinante, casi hipnótico, en lo que está ocurriendo, pero eso no quita lo incómodo del momento.

Klara, concéntrate, me digo a mí misma, dándome una palmada mental. Solo necesito que me escuche. Y que no me arrastre a su baile tribal.

Respiro hondo y doy un paso adelante, acercándome lo más que puedo sin interrumpir la "clase". Espero hasta que Kieran termina una especie de reverencia yóguica al sol, y luego carraspeo para llamar su atención.

—¡Kieran, hola! Soy Klara, de la editorial. ¿Tendrías un momentito para hablar?

Él gira lentamente la cabeza hacia mí, como

si acabara de notar mi presencia, y me sonríe con esa sonrisa beatífica que lo ha hecho tan famoso en redes sociales.

Ay, Dios. Su taparrabos lleva un dibujo de una enorme berenjena, y casi no le cubre nada.

—Ah, Klara, la editora. —Todo en él exuda calma y santidad—. Claro, hablemos, pero antes de entrar en mi hogar sagrado tendrás que unirte al círculo de purificación.

—Da igual, podemos hablar desde la valla —replico, observando al grupo con terror.

—¡No, Klara! ¡Deja que el espíritu de la Madre Tierra te abrace! ¡Conecta con las raíces de la Gran Verdura Madre!

Kieran me mira con total seriedad, esperando que entre en el círculo, mientras yo me planteo cuál es la vía más rápida para huir corriendo de ese manicomio.

—Déjate fluir, Klara —me dice Kieran con una sonrisa beatífica mientras hace extraños movimientos ondulantes con los brazos.

Yo lo observo con una mezcla de incredulidad y desesperación, sin saber qué decir. Pero él sigue:

—Voy a buscarte algo más adecuado que ponerte, tienes un aspecto un poco... obsceno —dice, mirándome de arriba abajo como si llevara un disfraz.

Llevo un pantalón gris de vestir y una blusa blanca de Zara. "Obsceno" sería lo último que se me ocurriría para describir mi atuendo. Pero ahí está él, con una mirada reprobatoria porque soy la única que no lleva... un taparrabos.

—¿Obsceno? —repito, con los brazos en jarras—. Kieran, por favor, solo necesito hablar contigo dos minutos. No necesito cambiarme de ropa para eso, ¿verdad?

Kieran se gira en dirección a su huerto y señala las plantas medio mustias con dramatismo.

—¿Ves? ¿Ves qué influencia tienen tus pensamientos negativos en mis verduras? —dice, con una gravedad casi mística.

Miro hacia donde señala y lo único que veo son hortalizas escuálidas, seguramente invadidas por pulgones, como los rosales. Hago una mueca.

—Lo que veo es que necesitas fumigar, Kieran.

Su reacción es inmediata: sus ojos se abren como platos y da un paso atrás, horrorizado.

—¿Fumigar? —exclama, llevándose la mano al corazón como si acabara de insultar a su madre—. ¿Cómo osas pronunciar esa palabra blasfema en mi casa? ¡Aquí tienes, ponte esto! ¡Necesitas sanar profundamente, Klara!

Antes de que pueda procesar lo que ha dicho, me lanza un taparrabos cosido con un par de cuerdas y un triángulo de tela decorado con... ¿un aguacate con ojos?

—No pienso ponerme esto —respondo, mirándolo fijamente mientras sostengo la prenda entre dos dedos, como si estuviera contaminada.

Kieran me mira como si hubiera cometido la mayor ofensa posible.

—¿Cómo te atreves a hablar de *fumigación*?

—vomita la palabra, agitando los brazos en el aire, mientras sus seguidores en el círculo alrededor del huerto murmuran en señal de desaprobación—. ¡Las plantas nos escuchan, Klara! Las hojas sienten. Estás arruinando nuestra dieta de alta vibración.

Suspiro, intentando mantener la calma mientras sujeto ese ridículo taparrabos que no cubre ni la palma de mi mano.

—Mira, Kieran, yo ya me voy. Solo quería decirte que el tipo de la librería se niega a hacer la presentación de tu libro, y vas a tener que buscar otro sitio.

Kieran deja de moverse por un momento y me mira como si hubiera pronunciado una palabrota.

—La Catedral Azul es el único lugar digno de presentar mi obra —dice, con una autoridad que solo él parece creer que tiene—. No me conformaré con menos.

—La Catedral Azul *no quiere tu libro*, Kieran —respondo con firmeza, porque ya veo que la sutileza no funciona con él.

—Aceptarán mi libro, o tu editorial se quedará sin trato —dice, cruzándose de brazos, con la tranquilidad de alguien que cree tener la última palabra.

—Kieran —le digo, intentando ser paciente—, has firmado un contrato. No puedes salirte de él así como así.

Él sonríe con suficiencia, mientras sus seguidores lo rodean como si fueran una especie de ejército personal en taparrabos. Dan un poquito de miedo, la verdad.

—¿Tú piensas que estoy aquí por la fama, por el dinero, por los seguidores? —pregunta, y un suspiro colectivo se eleva entre su grupo. Intento no poner los ojos en blanco—. ¡Estoy aquí para elevar la vibración del planeta! ¡Para salvaros a todos de la oxidación!

Mi paciencia está en sus últimas reservas. Saco una carpeta de mi bolso.

—Bien. Si La Catedral Azul no es una opción, aquí tienes diez alternativas que están súper bien. Ya las he investigado para que tú no tengas que hacerlo —le digo, mostrándole mi lista de librerías en Barcelona—. Hasta te he imprimido las fotos porque, según me dijeron en la oficina, no tienes ordenador ni wifi.

Kieran me mira horrorizado.

—Esa librería es la única opción —repite, terco—. Pasé un día. Vi el conejo. Sentí el aura. Fue amor a primera vista. Si no puedes conseguirme la presentación allí, tendré que buscar otra editorial que lo haga, y esta es mi última palabra.

Suspiro profundamente y, en ese momento, decido que no hay nada más que hacer aquí. Le dejo la lista y me giro para irme.

Mientras me alejo, él vuelve a sus cánticos, como si nada hubiera pasado. Me marcho, algo decaída, pero dispuesta a hacer lo que sea.

Al llegar a la oficina, Paula, mi compañera, me mira con los ojos bien abiertos.

—¿Qué es eso que llevas en la mano? —

pregunta, mirando el taparrabos de aguacate.

—Es para ti, para que te inspires mientras trabajas en *El bosque de las zanahorias*. Además, dijiste que te gustaba el guacamole, ¿no? —respondo lanzándoselo sobre su escritorio, antes de pasar sin mirarla a mi mesa.

Esto es la guerra.

No me voy a jugar mi ascenso, pero tampoco pienso ponerme un taparrabos para ganarla.

Habrá que resolver esto de una manera más limpia, más astuta... vamos, como sea.

Me siento y lo primero que hago es hacer una búsqueda en Google de la librería. No pienso volver a intentar convencer a Kieran en persona. Puede que Gabriel, el dueño de La Catedral Azul, sea un cabezota, pero seguro que tiene un punto débil. Todos lo tienen.

Lo convenceré, aunque tenga que secuestrar a su conejo. Tengo bastantes zanahorias en la oficina para alimentarlo durante tres años, de todos modos. Por cierto, ¿cuánto vive un conejo?

La búsqueda de Gabriel Delmer me devuelve algún que otro comentario en redes de personas que jamás han oído hablar del Vegano Cuántico, pero que parecen encantadas con el trato cercano del dueño de la librería. Eso no me ayuda mucho. Pero entonces, encuentro un artículo sobre comercios con encanto de Barcelona y, escarbando entre los comentarios, encuentro una reseña de un usuario anónimo que llama mi atención:

«La Catedral Azul: recomendada 100%. Es

una librería tradicional y con solera: *difícil de encontrar, pero vale la pena. Soy miembro del* Círculo de Apreciación de la Palabra Escrita *y confirmo que es uno de los sitios más auténticos para hablar de libros con libertad. El dueño siempre está buscando nuevos miembros para el círculo, así que os invito a presentar vuestra candidatura. Basta con llevarle una biografía y un ejemplar de tu libro en papel, ya seas autor o lector.»*

Mi sonrisa se ensancha.

Muy bien, Gabriel Delmer. Mañana mismo voy a presentarte a un nuevo candidato para tu club de raritos.

4

Gabriel

Es una mañana tranquila en la librería, lo cual no es ninguna novedad. Me entretengo mirando cómo la luz se filtra a través de los vitrales, tiñendo de colores el pelaje de Kafka, y cierro con un lametón el sobre que contiene mi respuesta para Yuri. ¡Ja! Esta jugada sí que no se la espera.

Enciendo el teléfono después de tenerlo apagado toda la noche. No suele haber muchos mensajes; desde que falleció mi madre, el único que me escribe regularmente es José Luis. Él es maestro en un pueblo diminuto donde todos viven en comunión con la naturaleza y los ciclos del calendario, y la vida transcurre con una tranquilidad que a veces envidio.

«¿Todo bien por allí, primo?», le escribo.

«Todo bien, Gabo. Entro ahora a clase. ¿Y tú? ¿Ya te has buscado un trabajo de verdad? ¿O una novia?»

«Ja, ja. Muy gracioso. Por cierto, recibí tu felicitación de cumpleaños. Gracias. Aunque se había quedado pegada al sobre y no se leía el texto. Para ser profesor de

manualidades...»

«Mi tarjeta estaba bien, el problema es que tienes la vista atrofiada de tanto leer, abuelo cascarrabias. Te mando una lupa para el próximo cumpleaños.»

Respondo rápido:

«Bien. A ver si me ayuda a encontrar tu sentido del humor.»

José Luis responde con un mensaje de voz en el que se oye una tremenda algarabía de fondo, seguida de un "oink" tan realista que parece auténtico. Hay que ver qué mal están los alumnos de hoy en día.

«En fin, genio. Disfruta de la librería. Tengo que dejarte; se nos ha colado un cerdo en el aula, y los niños están revolucionados. Luego te cuento cómo acaba esto»

Lo escucho dos veces, sin saber si habla en serio. Justo entonces suena la campanita de la puerta, sacándome de mi estupefacción. Me pongo recto detrás del mostrador, preparado para recibir al primer cliente del día. Quizás hoy sea mi día de suerte y venda la colección completa de ensayos poéticos de Jaume Torres, el vecino octogenario de Ciutat Vella. Pesa tanto que se me está curvando el estante, y si no la vendo pronto, necesitaré un mueble nuevo.

Lamentablemente, no entra ningún cliente, sino la pesadilla con patas: se trata de Klara, la editora a la que eché ayer con cajas destempladas. Por lo visto la comprensión oral no es lo suyo, y obviamente no me entendió cuando le dije categóricamente que no volviese. Debería habérselo comunicado por escrito.

—¿Otra vez tú? ¿Es que no tienes nada mejor que hacer? —le suelto, sin molestarme en saludarla.

Aunque en el fondo me alegro. Por lo menos no es un cerdo.

Ella no se inmuta, al contrario, me sonríe con esa sonrisa de listilla que a mi pesar le queda tan bien. Y, por si fuera poco, en lugar de zanahorias, hoy viene armada con utensilios de limpieza.

—¿Y esa escoba? ¿Vas a montar un aquelarre con tus amigos, los adoradores de zanahorias? —pregunto, observando con recelo las bolsas que acaba de plantar junto al mostrador. Trapos, productos de limpieza, una escoba, un mocho... ¿Qué demonios?

—Bueno, viendo el estado de este sitio deduje que no tendrías nada de esto, así que te he traído un regalito —dice como si fuera lo más normal del mundo.

—Oh, claro. Un mocho de regalo. ¡Qué detalle! ¿Esto es lo último en Tinder? ¿Ahora, en lugar de flores, se regalan botellas de lejía? Un poco cáustico, ¿no? —le suelto con sarcasmo.

—A ver, en palabras de mi jefa, esto parece la cripta de un vampiro —responde, clavándome esa miradita de superioridad mientras sigue sacando cosas de su bolsa—. La primera vez que me lo dijo me reí, pero, sinceramente, tiene algo de razón. Los cristales están tan sucios que no entra ni el sol.

Sus pecas se iluminan con el reflejo de la luz (entra muchísima, está mintiendo) y maldita sea, esas greñas de castaño miel le sientan bastante bien.

Saca un móvil de última generación y lo desbloquea con un movimiento fluido.

—Sandeces —protesto, aunque en realidad tengo un post-it debajo del amarillo en el que pone «Limpiar los estantes». Creo que lo puse ahí la navidad pasada, pero se me olvi... quiero decir, no he tenido tiempo—. ¿Para qué has venido en realidad? No me trago lo de la limpieza. Es un día laborable, y no creo que tu empresa te dejase venir aquí a quitar el polvo si no fuera por algo que os beneficie.

—Bueno, a lo mejor tengo un candidato para tu... espera, ¿cómo se llamaba? Ah, sí, tu "Círculo de Apreciación de... ¿la Palabra Escrita Clásica"? Anda que... menudo nombrecito, ¿eh?

—Es un nombre regio, como lo que hacemos aquí —protesto, cruzándome de brazos, mientras ella sigue trasteando con su móvil—. Bueno, ¿y quién es el candidato? No me digas que es ese zángano que habla con la verdura, porque ese asunto ya quedó zanjado ayer.

—Pues es... ¡Sorpresa! —Klara saca un libro del bolso y lo deja caer sobre el mostrador. Es naranja y verde y, cuando leo el título, casi se me salen los ojos de las órbitas.

Eso no puede ser cierto.

—*El bosque de las zanahorias vibra...* ¿qué? —leo con incredulidad. Lo abro. Está lleno de tachones y faltas de ortografía resaltadas en fluorescente amarillo—. ¿Estás de broma, no? ¡Y encima está lleno de erratas!

Le planto esa monstruosidad entre los brazos y me limpio las manos en el pantalón para que no me contagie nada.

—Este tipejo jamás será bienvenido en el Círculo de Apreciación de la Palabra Escrita —reitero—. Para ser aceptado, leer y escribir son dos prerrequisitos fundamentales, y este, obviamente, no sabe.

—Bueno, esta es la versión preliminar, por eso aún tiene algún errorcillo aquí y allá... —contesta, con tono de disculpa—. La versión final está en proceso. Esta la hicieron solo para Instagram, ya sabes, basta con que esté bien la portada, para que salga bien en las fotos. Cuando presente su libro traerá la versión corregida, obviamente.

—Para Instagram, dice... —Cierro los ojos mientras se guarda de nuevo ese bicho repulsivo—. Ningún círculo literario respetable aceptaría presentar una obra así. ¿Qué clase de energúmenos imprimen libros con erratas solo para poder hacerles fotos? ¡Herejía!

—¿Y cuántos miembros dices que tienes en tu súper club de nobles pensadores? —pregunta, imperturbable, mientras saca un trapo y se pone a frotar el mostrador como si fuera su casa.

—Cinco —respondo, con un poco de orgullo...

fingido, claro.

En realidad, me lo he inventado. La última vez convoqué a veinte autores, de los cuales solo tres me dijeron que vendrían el sábado "si sale mal día, porque si no, prefieren irse al monte". El frutero me ha pedido que cuide a su hijo de ocho años, Rodrigo, así que supongo que él también cuenta. Y bueno, luego estoy yo. Así que somos cinco. ¿Lo ves? No he mentido del todo.

—¿Cinco frikis como tú? —dice, sin dejar de frotar, y me dedica una mirada que me pone de los nervios.

—Son escritores y amantes de la literatura, no *frikis*.

—Bueno, lo que sea, pero las mismas cinco personas de siempre no garantizan ventas. Tú necesitas sangre nueva, movimiento. ¿Has publicitado este evento en algún sitio?

—Si tú lo has encontrado, no debo de estar haciéndolo tan mal —le respondo, arqueando una ceja, pero ella explota en una carcajada que reverbera por toda la librería.

—Madre mía, casi tuve que contratar a un detective privado y consultar al oráculo para encontrar tu club de lectura. ¡Es más difícil de hallar que el Santo Grial!

—¿Perdona? —exclamo, irritado—. ¡Lárgate de aquí y deja de frotar mis estanterías, si te parece que lo hago todo tan mal! ¿Qué te crees que estás haciendo?

—Ordenar este caos —responde sin perder el ritmo—. ¿Cómo encuentras algo aquí?

La miro, frustrado. Me acerco y le señalo una estantería al azar.

—Vaya tontería. Es muy fácil. Por ejemplo, este libro me lo trajo Pedro el mes pasado y lo puse aquí, a la izquierda, porque estábamos hablando en esa esquina. Los de Raquel van siempre ahí, porque le gusta ese estante en particular. Tiene un arañazo en forma de infinito, y le hace gracia.

Klara me mira con los ojos en blanco.

—Esto es un desastre. ¿Nunca pensaste en ordenarlos por... no sé, orden alfabético, o por géneros? Algo más... lógico y normal.

—Claro que están por géneros. Mira, este pasillo es de novela policiaca, y aquel de novela negra.

—Es lo mismo —dice, con tono de obviedad.

—¡Claro que no es lo mismo! —replico, indignado—. Hay una gran diferencia.

—Para un lector, es lo mismo. Policías, tiros, muertes, drama... —agita la mano en el aire con desdén—. *Pim, pam, pum.*

No puedo más. Empieza a poner libros en el suelo y me llevo las manos a la cabeza.

—¿Qué estás haciendo? —grito.

—Mira, he venido a ayudarte —dice, su tono de repente serio—. Esta librería está que da asco, los libros son imposibles de encontrar y no se sabe ni lo que vendes. Y apuesto lo que quieras a que hay un ratón muerto en algún sitio.

Arruga la nariz y olisquea el aire. Para ser sincero, yo también lo he notado, pero hay tantas cajas viejas que me da muchísima pereza moverlas todas para encontrarlo.

—¿Y qué me dices del cartel de fuera? —sigue a la carga, como una ametralladora—. Adivino que pone *Librería La Catedral Azul*, pero es solo intuición, porque realmente solo quedan unas cuantas letras y pone: «LIBR... R... A... T... A». ¿Librería La Rata? Aunque eso explicaría el tufo a rata muerta...

—Vale, el cartel de fuera quizá tenga... algunos años.

Miento descaradamente, sabiendo que lleva caído desde hace una buena temporada. Miro de reojo el otro post-it en mi monitor que dice claramente «Pedir cartel nuevo», pero está relegado a la parte inferior de mi lista: debajo del papelito amarillo y del azul y cubierto de mugre, porque cuando uno apenas llega a fin de mes es mucho más urgente el post-it de «Comprar cable nuevo para el monitor», que un simple cartel decorativo.

—¡Ves! —dice, como si acabara de ganarme una partida de ajedrez—. Déjame ayudarte a poner este sitio en marcha de nuevo. Sé cómo funciona eso de vender libros. Y se me da bien el marketing. He ayudado a cientos de autores y... —Duda y se pone colorada, y sé que no está siendo del todo sincera—. Y libreros también, claro.

—No necesito tu ayuda. Esto está perfectamente ordenado. Mi librería es perfecta tal y como está. Igual que ha sido desde hace décadas. Aquí vendemos tradición, no modernidad barata. Y no pienso presentar el libro de tu amigo a cambio, hagas lo que hagas.

Ella sacude la cabeza con aire severo y pone un trapo en mi mano. El roce de su piel es suave, delicado, y noto que no lleva anillo de casada. Aunque no es que me importe. Para nada. A mí solo me importa Miguel de Cervantes y si Sancho Panza realmente existió o era también una alucinación del ingenioso hidalgo.

—Vale —dice con sencillez—. Pues no lo hagas. No presentes el libro de Kieran. Te ayudaré igualmente.

Me echo un poco hacia atrás. Aquí hay trampa, seguro.

—No me lo creo —replico, con el trapo colgando torpemente de la mano.

—Lo digo en serio. Te voy a ayudar con tu evento del sábado y no te pediré nada a cambio.

—Venga ya. Nadie ayuda de forma altruista. Además, ¿no deberías estar en el trabajo, corrigiendo ese libro super importante sobre calabazas asesinas?

—No son calabazas, son zanahorias —contesta con tono desafiante—. Y no son asesinas tampoco: están intentando salvar a la humanidad del fin del mundo. En cuanto a mi jefa, me ha dado la mañana libre, así que tranquilo.

No sé qué hacer.

—Este sitio podría ser precioso —insiste con aire soñador—. Tiene encanto, tiene potencial... solo con que quitaras esos posters viejos y dejases la luz entrar por los vitrales, el espacio entero cambiaría.

Ya le he dicho que no pienso presentar a su autor, así que... Vale. Que limpie gratis si quiere.

—De acuerdo. Pero olvídate del libro ese. ¿Está claro?

—Como el agua —dice guiñando el ojo—. A limpiar, venga. Y mientras, pensemos en cómo vamos a conseguir que esto brille un poco. ¿A no ser que prefieras seguir acumulando post-its en lugar de clientes?

Me quedo mirándola, entre confundido y molesto. No solo por su descaro, sino porque sé, en el fondo de mi ser, que tiene algo de razón. Y quizás también porque llevo muchos años aquí solo con un conejo, y no estoy acostumbrado a que nadie me ayude en nada. Estoy orgulloso de haber sacado todo esto adelante por mí mismo.

Empiezo a sacar libros, imitando su entusiasmo, pero antes de darme cuenta estoy sentado en el suelo con una novela histórica romana entre manos, de un autor buenísimo de Cartagena que, lamentablemente, murió antes de hacerse famoso. Por desgracia para sus herederos (y para mí, que compré cincuenta ejemplares) después de muerto, tampoco saltó a la fama.

—¿Se puede saber qué haces ahí sentado? —me pregunta con las manos en la cintura.

—Leyendo sobre los tiempos de Justiniano.

—Pues dile a Justiniano que tenemos trabajo —replica, con ese tono que mezcla burla y autoridad.

Para mi sorpresa, Kafka está comiendo de su mano. No me puedo creer que haya traído lechuga y haya sobornado hasta a mi conejo, que no se deja tocar por nadie. Increíble.

Klara ha dejado de limpiar y está de pie junto

al mostrador, navegando en su tablet.

—Vamos a cambiarle el nombre al evento. Podríamos ponerle *Café Literario de los Sábados*, que suena mucho más moderno y atractivo. Sobre todo, por lo del café, que vende mucho más que los libros, por desgracia. Pondremos también galletas, y haremos muchas fotos. En *bookstagram* siempre funcionan mejor las fotos de novelas si añades tazas y mantitas de cuadros. ¿Tienes algún tazón mono, por cierto? —Mira a un lado y a otro; sus ojos se posan sobre mi taza de «Cada sorbo me acerca más a Tolstói»—. Uf, no. Eso no. Mejor enfocarnos en las mantitas y los gatos. —Kafka se pega a su pecho, pidiendo caricias, lo cual es bastante insólito. Ella le rasca entre las orejas, mientras yo pienso: "¡Traidor!" Klara continúa, satisfecha—. Bueno, a falta de mininos, esta monada peludita servirá, ¿a que sí, Kafkalina?

Le quito al conejo, furioso, y lo pongo encima de una silla, apartándolo del mostrador.

—Se llama Kafka. *Kafka* —gruño.

—¿Tú lo has mirado bien por detrás? —pregunta con una risilla tímida—. Porque yo creo que no es Kafka, sino... *Kafkalina*.

La verdad es que no lo he mirado. Lo compré después de que falleciera mi conejo anterior, Julio César. Lo más natural fue ponerle un nombre de alguien a quien admirase, pero siempre he pensado en él como "El Conejo": así, en general, sin distinción de género. A mí el género me da igual. Y si por algún azar del destino resulta ser hembra, le pondremos Brontë y punto.

—Bueno, dejemos por ahora lo del conejo —dice agitando la mano, y vuelve a agacharse para mirar la tablet—. ¿Sabes qué he descubierto? Que hay más librerías en catedrales de las que yo pensaba. Hasta existe gente que hace tours de librerías en catedrales por toda Europa. Creo que es un tema interesante, y podríamos usarlo como gancho en las redes.

—¿En las qué? —grito.

—Pues en Instagram, FriendBook... ya sabes.

—¿Estás loca o qué? No pienso abrirme cuentas en las redes. Antes preferiría morirme.

—En realidad, tu librería se morirá pronto como sigas siendo tan terco...

—Eso te crees tú. No soy un mono de feria. Los libros no se venden por *likes*. Se venden por su calidad literaria.

—Vamos, Gabriel, despierta... Baja a la tierra.

—Klara. Lo digo en serio. Puedes limpiar todo lo que quieras, pero tengo mis límites. Nada de redes ni de internet. Si quieres ayudar con el evento del sábado, por mí encantado. Pero tendrá que ser por los métodos tradicionales o no hay trato.

Suspira con los ojos en blanco.

—¿Te das cuenta de que negociar contigo es más difícil que bañar a un gato?

—¿Qué clase de comparación es esa?

Mira de reojo al conejo.

—Es que no sé si a los conejos hay que bañarlos. En fin. Está bien, por esta vez. Te prometo que no publicaré nada en las redes y promocionaré tu evento usando solo métodos tradicionales. —

Entorna los ojos, y sus pestañas larguísimas y tupidas se agitan lentamente—. Bueno... ¿Entonces traigo yo las tazas y las mantitas?

Siento como si un volcán entrara en erupción en mi interior. Todo esto es demasiado. No puedo soportarlo: cambios, cambios, cambios. Me voy a volver loco. Exploto contra mi voluntad.

—¡Basta, por favor! —grito, apartando la tablet de mí—. ¿Fotos de gatos? ¿Café gratis? ¿Estamos locos? —replico, ofendido—. Esto es La Catedral Azul, un comercio centenario y con solera. No pienso gastar dinero en ceporros que entren aquí por la comida gratis. No necesito cambios estrafalarios. ¡Lo que yo necesito es atraer gente culta e ilustrada!

—A las personas cultas también les gustan las galletas —puntualiza, y me toca el pecho con el dedo índice.

Extiendo un brazo y la aparto de mí. El toque es muy suave, pero su sonrisa se desvanece, y algo en su expresión cambia. Doy un paso atrás, asustado por mi propio atrevimiento.

—Perdona, lo siento —balbuceo—. No quería...

—No. Tienes razón. Es tu librería. Supongo que llevo mucho rato aquí y por un momento se me olvidó que no tengo voz ni voto en lo que hagas con ella.

—Deberías irte —digo, confundido por el caos de mis propios pensamientos.

—Sí. Ya me voy.

Recojo el trapo y me pongo a quitar telarañas

de las patas de una silla para no mirarla, y mientras ella recoge sus cosas en silencio.

Klara sale con aire triste, pero la firmeza de su caminar me dice que no se ha rendido. No se rendirá.

Y por alguna razón, odio admitir que, en el fondo, muy en el fondo, tampoco quiero que lo haga.

Clásico del día: Crimen y castigo

Sinopsis:

Un hombre joven y pobre llamado Rodión Raskólnikov asesina a una prestamista para robarle. Al principio piensa que es un acto justo, ya que ella es una mala persona, pero después vive tan torturado por la culpa de su crimen que termina confesándolo a las autoridades.

Conclusiones personales:

Este libro me enseñó varias cosas:

- A veces actuamos de forma impulsiva y cometemos errores.
- Los errores causan culpa y tentación de confesar.
- No confesaré jamás ciertas cosas, porque no quiero acabar como Raskólnikov.
- La brevedad es una virtud. Una que Dostoievski, a pesar de su gran talento, no poseía.

Nota: 4 estrellas sobre 5.

5

Klara

Este tío es un hueso duro de roer, pero no sabe con quién se está metiendo. ¡Pobre! Si piensa que me voy a rendir, lo lleva claro.

Al día siguiente como un *brunch* ligero en la cafetería, donde Amaya, la camarera de pelo azul, me cuenta los últimos cotilleos de la zona: que si la nueva del bufete de abogados se ha liado con Derek Navarro, el arquitecto de Passeig de Gràcia; que si al camarero guapo de la guitarra lo ha dejado la novia... Hablar con Amaya es mejor que leer el *Hola*. Yo creo que mis compañeras de piso viven solo para escuchar las noticias jugosas que les traigo cada vez que hablo con ella.

Después de tomarme un respiro en el Carpi Café, vuelvo a la oficina. Me esfuerzo por mantener una sonrisa despreocupada, aunque por desgracia solo me dura hasta que cruzo la puerta: allí me encuentro a Cecilia, esperándome con los brazos cruzados. Mi jefa parece San Pedro a las puertas del cielo, a punto de juzgarme. Solo le falta el halo. Y unas llaves bien grandes para usarlas como arma contundente cuando se entere de que, de nuevo, he fallado.

—Bueno, ¿has convencido ya al librero? ¿O a

Kieran?

—Casi —le contesto, y enseguida añado con una sonrisita—: Los tengo a los dos en el bote. Solo necesito un favorcito tuyo primero...

Su expresión se torna inquisitiva, pero me permite que continúe.

—¿Ah, sí? ¿Y de qué *favorcito* se trata? —me pregunta con una ceja levantada—. ¿Entonces le conseguirás esa presentación a Kieran o no?

—¡Claro! Déjalo en mis manos. Pero antes necesito que encuentres a algún periodista que venga al evento del librero.

—¿Qué evento? —pregunta, mirándome con desconfianza—. ¿El de *El bosque de las zanahorias*?

—No, ese no... Es la reunión mensual del... *Cónclave de los amantes de la literatura kafkiana...* o algo parecido —respondo con un suspiro.

—¡Klara! ¿Sabes que no puedes beber en el trabajo, verdad? —me advierte, con ese tonito que usa cuando cree que me estoy desmadrando.

—¡No he bebido, lo prometo! Pero este tío es un caso complicado, y habrá que ganarse su confianza paso a paso. He descubierto que va a montar un evento, pero te apuesto lo que quieras a que no asiste ni su madre. Así que necesito que vayamos todos los de la editorial y, si puede ser, que me consigas algún periodista también. Así verá que somos gente seria y que sabemos lo que hacemos.

—¿Y cuándo es ese magnífico evento? —pregunta Cecilia, ya un poco más interesada.

—Este... sábado.

—¡Este sábado! —exclama, con los ojos como

platos—. ¿Estás loca? No da tiempo ni para enviar una nota de prensa, y mucho menos conseguir a un periodista. Si fuera la boda del príncipe heredero, a lo mejor. Pero un evento de... ¿qué era? *¿Amantes de la literatura suprema?*

—Es un círculo de letras —digo, intentando que suene convincente.

—Klara, ningún periodista va a presentarse en tres días para ver a cuatro ancianos con boina leyendo libros descatalogados.

—No llevan boina —protesto, aunque con poca convicción. De pronto me imagino a un montón de gente con boina en La Catedral Azul, y me parece que pegan muchísimo—. Bueno... creo que no la llevan, en cualquier caso.

Cecilia me lanza una mirada llena de escepticismo, pero al final suspira y asiente con la cabeza.

—Lo de los periodistas ya te digo que no va a poder ser —responde—. Y yo el sábado tengo un recital de ballet de las niñas, así que no puedo asistir. Pero coméntaselo a los compañeros, a ver qué dicen.

***

Salgo de la oficina un poco desanimada, pero dispuesta a no rendirme. Este Gabriel se va a enterar de lo que es la perseverancia de una editora desesperada por un ascenso.

Mientras camino por la calle, esquivo a un tipo que reparte periódicos gratuitos en la esquina.

Le echo una mirada rápida al misterioso titular del día: «El que no corre vuela».

—¿Oye, y este diario quién lo publica? —le pregunto al repartidor, que tiene cara de ir todavía al instituto.

—Lo hacemos entre varios amigos en un garaje —me responde con orgullo, frotándose una perilla con siete pelos exactos.

—Interesante... —murmuro, mientras miro el título del diario: «Diario Nacional de Amantes de los Galgos».

Bueno, podría ser peor. Se me enciende una bombilla: ¡esto es justo lo que necesito!

—Oye, ¿tenéis alguna noticia para el titular del próximo domingo? —le pregunto, casi demasiado emocionada.

—Pues no sé, tengo que ver qué pasa al final con las carreras benéficas... —dice él, rascándose la cabeza.

—Quita, quita, ¡yo tengo una idea mejor! Vente este sábado a la librería La Catedral Azul. Habrá café gratis, té, galletas... Y creo que tienen un montón de libros sobre galgos. Es más, estoy segura de que van a presentar uno súper interesante.

—¿En serio? —pregunta, claramente sorprendido.

—Te lo juro, va a ser el evento del año —le aseguro con una sonrisa de oreja a oreja—. ¡El mejor evento *galguístico* del año!

¿Eso es una palabra? A lo mejor sí, porque el tipo asiente y se apunta la dirección en una libreta cutre.

- Nota mental: *Decirle a Gabriel que busque alguna foto de galgos, la imprima y la pegue en la puerta antes del sábado.*
- Segunda nota mental: *Buscar en Google información sobre galgos y si existe algún libro publicado sobre ellos.*
- *Tercera nota mental:* "olvidarme" del nombre de este periódico si Gabriel me pregunta. Recuerda lo que le pasó a Raskólnikov. JAMÁS CONFIESES.

Llego a casa sintiéndome una triunfadora: ¡al evento irá la prensa! Vale, a lo mejor no es un diario de alcance nacional, pero menos da una piedra.

Vivo en un piso bastante mono en Les Corts, aunque obviamente no puedo permitirme pagar el alquiler sola, así que lo comparto con Ruth, una obsesa de la belleza, y Sophie, una francesa que vino de Erasmus y se le olvidó marcharse.

Ruth está depilándose las cejas en medio del pasillo, porque dice que es el único sitio donde hay una lámpara en condiciones.

—¿Qué tal tu día? —me pregunta, con un ojo cerrado y media lengua fuera.

—Genial —respondo, tratando de encontrar un hueco por el que pasar entre ella y la pared—. He hablado con la prensa y he estado organizando un evento literario en el centro de Barcelona.

—Mola —contesta satisfecha, acercándose el

espejo al ojo—. Por cierto, hablando de periódicos, ¿has visto la noticia sobre Markus?

Como siempre, basta con escuchar el nombre de mi ex para que se me revuelva el estómago. Me gustaría decirle a Ruth que me da igual, pero la curiosidad es más fuerte que mis principios.

—No, ni idea —digo con fingido desinterés—. ¿Qué decían de él?

—Pues parece que ha publicado una novela histórica buenísima. A los críticos les está cayendo la baba con *Las cartas secretas de Helga*.

Vale. No me importa. No me importa para nada. Ni Markus, ni sus constantes mentiras, ni el hecho de que yo le corrigiese de cabo a rabo *Las cartas secretas de Helga*, que en un principio iba a titularse *Los calcetines desparejados de Helga*, y jamás me diera ningún crédito por ello. Ni me pagase.

—Pues me alegro por él —gruño—. Ojalá venda muchas copias.

—¿Entonces no vas a reseñar su novela en tu blog? —pregunta con inocencia.

—Lo haría, pero solo reseño libros de autores muertos, y no sé si eso es una excusa lo suficientemente buena para matarlo. Además, no se pueden dar menos de cero estrellas.

Ruth se ríe entre dientes mientras sigue arrancándose pelos, y yo consigo pasar hasta el salón con mis bolsas.

Me dejo caer en el sofá, todavía dándole vueltas a lo de Markus. Nunca le gustó que yo tratase de escalar en el trabajo, ni que tuviera éxito propio.

Habría disfrutado mucho sabiendo que ahora me dedico a corregir libros sobre zanahorias que hablan.

Pero no. Hay que darle a la vuelta a la situación: bien mirado, todo esto de Kieran es una gran oportunidad para ascender y tocarle las narices a Markus. Ya lo estoy viendo: si consigo camelarme al librero, Cecilia me ascenderá. Lo importante es que Gabriel coopere, y haré lo que haga falta para conseguirlo. Al final hasta le gustará la experiencia, y me suplicará que vuelva a llevarle a Kieran cuando saque su segundo libro...

Me dejo llevar por mis fantasías, y arrastrada por estas, le mando un mensaje a Gabriel casi sin pensar.

«¿Tienes una cafetera de cápsulas?»

Su respuesta llega casi de inmediato, como si hubiera estado esperando mi pregunta. No hay emojis, por supuesto. Pero casi puedo oír su tono horrorizado.

«Las cápsulas dañan el medio ambiente. Por supuesto que no. Si se entera tu amigo, el "Vegano Cuántico", te despide.»

Mira qué listo. ¿Eso era una broma por parte del librero de Ramsés II? Vale, habrá ganado esta batalla, pero no la guerra. Resoplo y le escribo otra vez.

«¿Y tazas? ¿Cuántas tienes?»

«Doce. Servicio de porcelana con bordes de oro.»

Parece que me sigue la corriente, así que contesto como si no hubiéramos discutido un rato antes en la librería. Y como si no estuviera visualizando sus tazas de abuela decimonónica. Con bordes de oro. Por Dios. Tendría que haberlo imaginado.

«OK, yo llevaré doce más y una jarra termo llena de café. Tú pones el agua caliente y las bolsitas de té. ¿De acuerdo?»

Tarda tanto en responder que empiezo a preguntarme si lo he ofendido con esta propuesta tan *atrevida*. Justo cuando alargo el brazo para apagar la luz e irme a dormir, llega su respuesta.

«De acuerdo. Llevaré bolsitas de poleo menta.»

Así. Sin despedidas. Sin "Gracias, Klara".
Típico.
Menudo ogro.
Estoy a punto de apagar el móvil cuando aparece un mensaje más, uno que no esperaba, pero que me sabe a un pequeño triunfo.

«Por cierto, le he cambiado el nombre al evento. He decidido denominarlo "Café literario de los sábados".»

Una sonrisa enorme se me planta en la cara. ¡Lo he convencido! ¡Klara 1 – Momia Librera 0!

Quizás no sea tan malo, después de todo. La verdad es que puede llegar a ser bastante mono, con esas gafas que siempre se le escurren cuando se agacha a leer algo, y con esa cara de ternura que pone sin darse cuenta cuando acaricia a Kafka. Cierro los ojos, apoyo la cabeza en la almohada y me duermo pensando en Gabriel y su librería caótica, con la seguridad de que pronto me colaré en su librería y en su vida como un maldito caballo de Troya.

6

Gabriel

El sábado por la mañana, llego a la librería tras mi visita rutinaria al Carpi Café y me encuentro con cuatro chicos imberbes esperándome frente a la persiana bajada. Uno lleva una cámara profesional y me pregunta si soy Gabriel Delmer.

—Pues... sí, soy yo —confirmo algo nervioso.

Me pregunto si habré hecho algo malo. Por un segundo, temo que la policía me busque. Son muy jóvenes para ser agentes secretos, pero claro, eso los haría todavía más difíciles de reconocer... Me viene a la mente ese día que robé un bolígrafo en el banco, y me pregunto si habría cámaras en la sucursal, aunque ahora que lo pienso, seguro que sí, y estos encima llevan una cámara enorme de televisión. Madre mía, ¡me han pillado! Esto va a ser el fin de mi librería, jamás pensé que acabaría así...

De pronto, uno de los chicos me pregunta:

—¿Es aquí el evento de libros con galgos?

—Esto... ¿galgos?

Por un instante me quedo descolocado, pero entonces recuerdo la extrañísima petición de Klara de imprimir fotos de galgos y ponerlas por toda la librería.

Me pongo a abrir la persiana mientras trato

de recordar qué más decía el mensaje. Cuando por fin abro la puerta, quedan a la vista dos hojas tamaño folio con fotos de galgos pegadas junto a la entrada. Ahora que vuelvo a verlas, parecen bastante pequeñas y ridículas, pero ellos parecen satisfechos. El de la cámara asiente, y el resto lo siguen.

—Vale —dice uno, que tiene cara de estar a punto de hacer la primera comunión—. ¿Dónde están las galletas?

—Están en camino —respondo, observando mi reloj y lanzando una mirada a la calle, a ver si llega Klara y me explica de qué va esto.

—¿Traerán también sin gluten? —pregunta otro de los chicos—. Es que soy celíaco.

Bueno, esto ya es el colmo. Confuso, le escribo a Clara un mensaje:

«Aquí hay cuatro periodistas celíacos preguntando por unos galgos, ¿sabes algo?»

Clara responde casi al instante:

«¡Enseguida voy! Tú cuéntales lo del café de los sábados para su titular. Solo intenta añadir 'galgo' a todas tus frases, si es posible.»

Claro. *Galgo* es una palabra muy versátil. Sin duda quedará muy natural.

—Aquí os dejo las bolsitas de té —les digo a los chicos, y luego, recordando las palabras de Klara, añado—: Me dicen que las galletas sin gluten se han terminado, pero que intentarán que sean redondas, como los ojos de los... galgos.

Es decir "galgo" y les cambia la cara. ¿Qué brujería rara es esto?

—Los galgos molan, ¿eh? —responde el chico para mi absoluto desconcierto.

—Totalmente —contesto, tratando de seguirle la corriente—. Y los libros también. Pero los galgos más, claro porque tienen... pelos. Y los libros no tienen pelos. Bueno, no normalmente, aunque...

En ese momento, para mi dicha, llega Klara: por fin puedo escabullirme y dejar de decir estupideces que contengan la palabra *galgo*.

Está preciosa, con la melena larga y oscura atada en una coleta alta que baila cada vez que se mueve. Viste unos vaqueros sencillos, tacones altos y una americana negra que le ajusta a la perfección, y lleva una caja enorme con un termo, cajas de galletas y solo Dios sabe qué más. Tras ella entran por lo menos diez personas, que se esparcen por la librería como un ejército invasor.

—¡Gabriel! —me llama Klara desde la entrada—. ¿Dónde ponemos la mesa con el almuerzo?

Lleno de nervios, le señalo una mesa que usaba para los niños que solían venir a pintar. Eran tan pocos que hace meses que no se usa. Klara la acepta con una sonrisa y coloca un magnífico ramo de flores en el centro, adornado con pequeñas mariposas de papel en forma de libro.

—¿Entonces te hacemos ya la entrevista? —

dice el periodista celíaco.

—¡No! —lo interrumpe Klara—. Aún tienen que llegar más invitados. Espera a que estén todos para hacer la foto.

—¿Más invitados? —pregunto confundido—. Pero, ¿de dónde has sacado a toda esta gente? —De pronto, se me ocurre una idea, y el fuego interior comienza a arder como un incendio en agosto—. No habrás publicado mi evento en las redes, ¿verdad? Porque ya te dije que...

—Ya te dije que no lo haría, y he cumplido mi promesa —me corta en voz baja—. Mi jefa me sopló el hobby secreto de este periodista tan importante: le dije que a nosotros también nos chiflaban los galgos, y solo por eso consiguió que vinieran con tan poco tiempo de aviso. ¿Es que no te suena su cara de la tele?

Miro a los tipos de la cámara y, la verdad, no me suenan de nada, pero tampoco es que tenga tele desde hace meses. Tuve que empeñarla cuando Kafka se comió el dinero que había sacado del cajero.

De acuerdo. Todo sea por salir en los diarios. Si al periodista famoso le gustan los galgos, a mí también.

—Está bien —le digo—. Confío en ti.

Ella traga saliva y aparta la vista.

—¡Claro! Tú solo disfruta del evento —dice mientras rebusca en su bolso. ¿Está evitando mirarme?—. He invitado a un montón de gente que entiende de libros, como tú querías. Y, ahora, deja de quejarte y ve sacando las sillas. Todas las que tengas. Ponlas en un semicírculo, ahí.

Empiezo a sacar sillas plegables mientras Klara organiza a la creciente multitud. Los chicos del periódico la persiguen con cara de embobados, como perritos falderos (¿debería decir galgos falderos?). Creo que están tratando de ligar con ella, y me siento algo molesto sin saber siquiera por qué.

Observo a uno de los asistentes: es un hombre de mi edad y mira los estantes con interés; pertenece al grupo que ha llegado con Klara. Intento iniciar una conversación, para comprobar si de verdad encaja en mi círculo literario, como ella afirma. Señalo el libro que está mirando y me dirijo a él con educación.

—Ese es muy parecido al último Premio Universo —le digo de manera casual, aunque en realidad estoy poniéndolo a prueba—. ¿Lo ha leído? ¿Qué opina del veredicto del jurado?

—Bueno, no es el título al que yo le habría dado el galardón —responde con voz calmada—, pero hay que reconocer que el libro tiene una prosa impecable y toques muy originales que lo hacen merecedor del premio. ¿No le parece?

Madre mía. ¡Era verdad! Klara ha traído gente que *realmente* sabe de libros. No son turistas perdidos ni gorrones en busca de galletas gratis.

Acostumbrado a hablar solo con mi primo José Luis (o con Kafka), es sumamente fascinante mantener una conversación culta con alguien que no hable de cerdos invadiendo aulas, o que no sea un conejo.

La gente sigue entrando a chorros.

Kafka irrumpe de repente, saltando sobre la

mesa y robando una galleta, causando un alboroto entre los asistentes. Me lanzo detrás de él para evitar que ocurra algún desastre.

En ese momento llega el frutero, con su hijo de ocho años a rastras.

—Aquí está Rodrigo —dice, empujando al niño hacia mí—. Gracias por cuidármelo, Gabriel. Su madre se ha empeñado en que la acompañe a elegir un traje, y...

—Nada, tranquilo —lo interrumpo, porque habla por los codos—. Tú vete. Aquí estará bien.

—¡Ya verás qué bien se porta! —me dice con una sonrisa—. Es un lector voraz. Aunque no lo parezca, escucha todo lo que decís y lo absorbe. Y ahora debo irme, que Merche tiene muy mal genio.

—¡Anda, pero si hay galletas de chocolate! —exclama Rodrigo, lanzándose sobre la mesa sin siquiera saludarme.

Se las zampa con entusiasmo. No sé si es un *lector* voraz, pero sin duda es un *devorador de galletas* bastante voraz.

—Rodrigo, ¿qué libro estás leyendo? —le pregunto para conocernos mejor.

El niño me mira como si fuera un alienígena y responde con los mofletes llenos de galletas.

—¿Matemáticas 3? —suelta tras una pausa.

—Ah, pues suena interesante. ¿Te gustan las mates?

—No —responde, metiéndose en la boca tres galletas más—. Pero mi padre me obliga.

—¿Y de novelas? ¿Tienes alguna? —pregunto, lanzando una mirada hacia el fondo de la librería, donde hay libros independientes ilustrados por artistas de gran talento—. Tengo uno muy chulo sobre una fábrica de chocolate. ¿Te gustaría leerlo?

—¿No podrías darme el chocolate directamente?

Creo que este chico es un caso perdido.

—Bueno, tú sigue comiendo galletas, Rodrigo, pero intenta no tirar migas en los libros, ¿vale?

Justo en ese momento, llegan mis tres autores, cada uno con una maleta llena de sus libros.

—¡Vaya tela, Gabriel! Menudo pedazo de evento, lo has petado —me dice Jaime, admirado, dándome un golpecito en la espalda. —¿Cómo lo has hecho?

—Bueno, contactos, el boca a boca, ya sabes.

Jaime lanza una mirada de reojo a la editora, que, a pesar de sus tacones, se ha puesto de puntillas para alcanzar un libro en la parte superior de un estante. Su figura estilizada se recorta contra la luz que entra a raudales por las ventanas, ahora limpias y despejadas.

—Cuando dices "el boca a boca", ¿te refieres a que se lo has hecho a esta para que te haga publicidad? —me dice con tono grosero.

—Por favor, esto es un círculo literario, ¿lo recuerdas?

Klara me hace una señal desde la puerta, y me pregunta con un gesto si puede cerrarla ya. Yo asiento y doy una palmada para que todos me miren.

—¡Venga, empecemos!

Los participantes se sientan y, por primera

vez en la historia de La Catedral Azul, no hay suficientes sillas, así que algunos se quedan de pie.

Me planto en el centro del semicírculo formado por el público y me aclaro la garganta antes de dar la bienvenida a los asistentes.

—Gracias a todos por venir —digo con voz entrecortada—. No esperaba que fuerais tantos, pero no sabéis cuánto me alegra. Empezaremos con una charla sobre los libros de estos tres magníficos autores independientes que he invitado, y después podréis hacerles preguntas y daros una vuelta por la librería...

Le guiño el ojo a Clara, tan feliz que me cuesta ocultarlo. Ella me devuelve el guiño y su sonrisa sincera ilumina toda la librería. De hecho, su sola presencia ha embellecido este lugar, y no solo por el repaso que le dio con su escoba y fregona.

Cuando termino el discurso, ella levanta la mano y añade, dirigiéndose al público.

—¡Antes de iros, no olvidéis echar un vistazo al estante de los más vendidos!

Contengo la risa, porque "más vendidos" es un término relativo en esta librería, y lo de montar ese expositor fue idea suya. Cuando solo vendes un libro al mes, técnicamente se convierte en bestseller de manera automática. En La Catedral Azul, cualquier libro puede convertirse en superventas con gran facilidad.

Pero la gente, ajena a este dato insignificante, se arremolina en torno a las estanterías y ojea los títulos con suma curiosidad. Los observo y tomo aire, sintiendo que el pecho se me hincha de felicidad por primera vez en mucho tiempo.

El flash de un periodista me obliga a cerrar los ojos. Y luego me da miedo abrirlos, porque temo descubrir que todo esto haya sido solo un sueño.

Un sueño que está sucediendo gracias a ella.

Blog de Klara Comelibros, 7 de septiembre

Novela del día: Las cartas secretas de Helga

Sinopsis:

Helga descubre un grave secreto familiar cuando su abuelo fallece y ella hereda una caja llena de cartas antiguas que datan de la Segunda Guerra Mundial.

Conclusiones personales:

El peor libro que he leído. Sencillamente repugnante. Y, además, al autor le huele el aliento. No es que lo conozca en persona, pero me lo han dicho fuentes fiables.

Nota: 0 estrellas sobre 5.

7

Klara

Es domingo y, aunque no me lo crea ni yo, no me voy a ir a pasear por la playa con Ruth y Sophie. En vez de eso, he quedado con el librero para tomar algo en el Carpi Café, que está cerca de su librería y de mi trabajo, y que, además, hace los cafés más espectaculares de la zona.

Ya sé que podría esperar al lunes, pero la curiosidad me corroe, y necesito saber si he ablandado su corazón después de todos mis esfuerzos por llenar su evento de ayer. La verdad es que vino mucha gente, aunque no hace falta que le diga que casi todos eran mis compañeros de trabajo, aparte de Ruth, Sophie y sus amigas... y, bueno, los tipos raros de los galgos. Sinceramente, me sentí un poco mal cuando le conté una verdad a medias y él contestó que "confiaba en mí". Pero bueno. Lo estoy haciendo por su bien, ¿no? Vale, quizás también por el mío. Pero eso es secundario, claro.

Paso por mi oficina, que hoy está cerrada. Y ahí está el tipo de los periódicos, sacando unos cuantos ejemplares de un cajón con ruedas. Me acerco y le digo:

—Gracias, tío, ¡estuvisteis geniales!

—Oye, las galletas sin gluten estaban buenísimas —dice, dando un besito al aire—. ¿Y dices que montáis ese tinglado todos los sábados?

—Ese es el plan —contesto con ambigüedad—. Habrá que preguntárselo al librero. Yo soy solo... una editora que pasaba por allí.

—Sí, ya lo sé, trabajas justo ahí —señala hacia arriba—. Te veo salir todos los días. Por cierto, ¿qué haces esta tarde? ¿Has quedado con alguien?

—Uy, voy a estar muy ocupada —le digo, mirando el reloj como si no fuera domingo—. Tengo que... llevar a los niños a bádminton, después a mi suegra al médico, y a... a mi marido al podólogo. Es que le apestan los pies, ¿sabes? Así, como a queso gruyere. ¿Se te ocurre qué podría ser?

—Ah, vaya —responde, resignado—. No, no entiendo mucho de pies. Pues nada... ya nos vemos. Ahí tienes tus periódicos. Espero que te guste la noticia que hemos escrito para tu colega. Es un tío enrollado. Entiende a los galgos. Se nota que le apasionan.

Mientras me alejo, echo una ojeada al titular en primera plana. Incluye una foto de Gabriel enfrente de todos sus libros, junto a una de las fotos de galgos que pegamos en la pared:

«He amado los galgos desde que tenía tres años. Son mi razón de ser y la única por la que abrí esta librería.»

Madre mía. Gabriel no debe ver esto bajo ninguna circunstancia. *Acuérdate de Crimen y castigo.* Meto el periódico en el bolso y decido que más tarde haré una foto del artículo, tal y como le prometí, pero evitaré que salga el nombre del periódico... o el titular. Es más, es posible que tenga que borrar algunas palabras con típex. Dios santo, si Gabriel ve que han repetido quince veces en dos párrafos la palabra *galgo*, le va a dar algo. Esta gente necesita urgentemente un diccionario de sinónimos. Aunque dudo que la palabra *galgo* tenga muchos.

Pensándolo bien, le mandaré una versión modificada. No tiene por qué saberlo; dudo que esté suscrito a este diario tan raro. Lo importante es que mi plan funcione, porque me acercará un paso más a mi objetivo final.

El Carpi Café me recibe como siempre, con sus tonos amarillos y madera color miel. Solo al entrar, notas el olor a café recién hecho, vainilla y canela. Es como sumergirse en el paraíso de los desayunos celestiales. Hacen las mejores ensaimadas con pasas de toda Barcelona; bueno, tampoco es que las haya probado todas, pero casi... Y si no, pregúntale a Ruth, a quien siempre le regalo todos los vaqueros que se me quedan pequeños. El mes pasado debí de darle por lo menos diez pares. Y todo por culpa de las ensaimadas con pasas del Carpi Café.

Gabriel está sentado en una esquina, sorbiendo un café con leche sencillo. Solo una persona tan aburrida como él se pediría un café con leche en una cafetería que sirve cafés con sirope de dulce de leche, canela tibetana y polvo de alitas de ángel. En serio, el Carpi Café sirve los cafés más raros, espectaculares y deliciosos que he probado en mi vida. Creo que nadie en su sano juicio se pediría un café con leche allí. Nadie, excepto Gabriel, por supuesto.

Lo observo mientras me acerco, y no puedo evitar notar que lleva una camisa negra que le marca los brazos de forma inesperadamente... atractiva. Vale, debo admitirlo: para ser un tipo que se pasa el día rodeado de libros polvorientos, tiene unos músculos bien definidos. Supongo que apilar novelas le sirve de entrenamiento. Es más: desde este ángulo, su perfil no está nada mal. Tiene esa mezcla adorable entre serio y distraído, con sus gafas negras de pasta y el pelo medio revuelto...

Vale, el librero *está bueno*, pero por desgracia es un auténtico cabeza cuadrada.

Me siento a su lado. Estoy a punto de dejar la bolsa con los periódicos en la silla, pero luego me lo pienso mejor y dejo solo la chaqueta. Si ve lo que hay dentro, le da un telele seguro.

—Voy a pedir algo, ahora vuelvo —le digo, y él solo asiente, fijando su mirada en mí con curiosidad.

Me levanto y camino hacia la caja. Noto que me sigue con los ojos, pero no le doy mucha importancia. Saludo al camarero, que es un tío la mar de simpático. Se llama Lucas y es andaluz. Solo escucharlo me da alegría, con ese acento fantástico que tiene, tan distinto del de Gabriel. Aunque el de Gabriel también me gusta, ahora que lo pienso...

—¿Qué tal, Lucas? ¿Cómo va tu música? —le digo.

—Pues tirando. Estoy componiendo una nueva que va a ser buenísima. Habla de la vida, que es como un camino lleno de curvas.

—¡Suena genial! Por cierto, ¿hoy no está Amaya? —le pregunto mientras le cobra al cliente anterior.

—No, ha salido con su novia. Me ha dejado aquí, triste y solo... —Se ríe, aunque parece un poco abatido de verdad.

—Bueno, salúdala de mi parte cuando la veas. ¡Y sigue componiendo! Amaya dice que se te da muy bien.

—Lo intento, Klara. ¿Qué te pongo? ¿Tu café de siempre con espuma de nieve, polvo de guaraná y sirope de mango caramelizado?

—¡Qué bien me conoces, Lucas!

—Es nuestro deber conocer bien al cliente —me dice, algo juguetón.

Vuelvo a la mesa con mi café en la mano, sintiendo que la mañana acaba de mejorar en un 200%.

—Qué simpático es ese camarero —me dice Gabriel, aunque su tono no parece muy alegre.

—Pues sí, Lucas es majísimo. ¿Lo conoces?

—Sí, lo veo casi todos los días. Últimamente soy cliente habitual.

—No sabía que tomabas café aquí tan a menudo —le digo—. No parece tu tipo de sitio.

—¿Ah, no? ¿Y cuál sería mi tipo de sitio?

—No sé, ¿un club de caballeros donde todos llevan chaqué y fuman puros? —le respondo, riéndome.

—Muy graciosa —responde, pero luego su rostro se suaviza un poco.

—Me gusta el café de aquí, lo hacen bueno, a pesar de tener un menú tan cursi —confiesa, y señala la carta. Está impresa en cartulina satinada a rayas doradas y negras, con muchos dibujitos de tazas con caritas sonrientes que dicen cosas como "¡Deja que te alegre el día!" o "Nuestro café es 90% arábica y 10% felicidad."

—Es todo cuestión de marketing, Gabriel. El buen marketing y la decoración adecuada atraen a la gente. ¿Has visto lo lleno que está este sitio siempre?

—Está lleno porque está muy cerca del centro —responde con tono de obviedad.

Mi mirada se desvía hacia la esquina de esa misma calle, una estrecha adyacente al Paseo de Gracia. Hay un bar de esos viejos y mugrientos que ni siquiera ha abierto esta mañana.

—¿Y qué me dices de ese? Está casi al lado. Pero allí nunca hay nadie. Ni siquiera han abierto hoy.

Él se encoge de hombros.

—Porque es un poco viejo y feo, supongo.

—¡Voila! Ahí tienes tu respuesta.

—¿Quieres decir que mi librería es vieja y fea? —dice horrorizado.

—¡Para nada! Tu librería es antigua, con encanto —contesto—, pero, la verdad, necesita un lavado de cara y un enfoque un poco más juvenil, con más dinamismo, ¿me entiendes?

Él empieza a poner los ojos en blanco, pero luego se detiene y da un sorbo a su café.

—Esa librería la heredé de mi padre, y él del suyo —murmura pensativo—. Pero no heredé solo un edificio, sino una misión de vida. —Sacude la cabeza—. Para mí no importa el continente, sino el contenido. Es difícil de explicar.

—Puede —contesto, echando todo el sobre de azúcar en mi bebida—. Pero, ¿ayer vendiste o no?

—La verdad es que... —empieza a decir, pero luego exhala, como si confesar que tengo razón fuera un suplicio para él.

—¿La verdad es... qué? —digo, para tirarle de la lengua—. ¿Fue un buen evento o no?

Se queda en silencio, baja la vista y empieza a jugar con la cucharilla. Finalmente, me mira, y es entonces cuando me fijo por primera vez en sus ojos. Son de un marrón verdoso, como aceitunas con destellos dorados, salpicados de pequeñas motas marrones que parecen una explosión de estrellas. Siempre me había fijado en sus gafas, sin pararme a ver lo que hay detrás. Por un momento, pierdo el hilo de lo que está diciendo, anonadada por las diminutas motitas de sus iris. Me dan ganas de darme una bofetada en la cara para volver en mí, como en los dibujos animados. Los ojos del ogro librero me han hechizado por completo.

—Pues eso. Y, a lo mejor... —dice, terminando una frase que no he oído—, a lo mejor tenías razón... en parte.

Un momento, ¿acaba de decir que yo tenía razón? ¿Cómo puede ser que no haya escuchado el principio de la frase? ¡Acaba de decir que tengo razón! Pero, ¿razón *en qué?* Me he quedado embobada tratando de decidir de qué color eran sus ojos, y ahora necesito que lo repita, pero estoy segura de que no lo va a hacer.

—Oye, Gabriel, perdona, es que me he despistado. ¿Decías?

—No me hagas repetirlo, por favor.

—Disculpa... es que me ha ido el santo al cielo por un instante.

Me devuelve una sonrisa sorprendentemente cálida, casi tímida, y por un instante el ogro librero se vuelve humano frente a mí.

—Decía que gracias por tus ideas y tus cambios mínimos, casi sin importancia, de *mi* evento

Recalca la palabra "mi", dando a entender que es súper importante. Yo tomo aire profundamente, porque no quiero ponerle en mi contra. Pienso en el Vegano Cuántico y en las zanahorias felices, y en todos los taparrabos de berenjenas que no me tendré que poner si convenzo al librero.

—Pues eso —dice, removiendo la taza vacía—, que creo que la librería podrá aguantar un par de meses más si conseguimos este mismo resultado en los próximos eventos. En realidad, me has ayudado mucho.

Hace una pausa. Me está mirando tan fijamente que creo que me va a taladrar con un rayo láser de esos ojos, que aún no sé si son marrones o verdes.

—En fin. Gracias. Lo hiciste muy bien —dice para terminar, con tono algo seco.

Le ha costado, pero lo ha dicho. Casi me dan ganas de lanzarme en sus brazos y abrazarlo, pero no quedaría muy profesional. Sin pensar demasiado, le suelto:

—Entonces, ¿harás también la presentación del Vegano Cuántico? ¡Tiene miles de seguidores!

En cuanto lo digo, me doy cuenta de que me he precipitado. Es como pintarte las uñas justo antes de salir porque ya llegas tarde: te pones los zapatos y, por supuesto, se te estropea todo. Y ahí estás, con las uñas hechas un desastre, retrasada y con más problemas que antes. Pues eso, exactamente lo mismo.

—Creo que ya quedamos en eso —responde, y su tono deja claro que acabo de meter la pata—. Y mi respuesta fue bastante clara.

—Ya disculpa... ¡perdona! No sé en qué estaba pensando. Sé que lo dijiste, y que te prometí que no lo hacía para influir en tu decisión.

Vale, quizá estaba tratando de manipular sus decisiones un poquito, pero en serio, era por un bien común. Es solo que no lo entiende.

Se queda callado, y me entran ganas de decir algo, lo que sea, solo para que no se vaya. Se me ocurre una idea loca de repente: una de esas que llegan como un rayo,

—Oye, ¿qué tal si te ayudo a organizar el siguiente evento también? Pero esta vez no sería un simple café de los sábados. Podríamos hacer algo mucho mejor, más grande. Esa librería es enorme, y si aprovechases mejor el espacio podríamos montar un... —Un tropel de imágenes fantasiosas se agolpa en mi mente, y suelto sin pensar—: ¡Hagamos una Feria del Libro para autores independientes! —Él me mira extrañado, pero no dice nada, así que continúo, cada vez más emocionada por mi idea, que parece fluir sola—. Vendrían no solo autores locales, sino de todo el país. Incluso de toda Europa. ¿Te imaginas? Podríamos llamarla... ¡La Fiesta del Libro Libre! ¿O Libro Libre a secas? ¿Qué me dices? ¿A que es una idea genial?

No responde.

En vez de eso, frunce el ceño con la mirada perdida.

Ahora que me fijo mejor, creo que ni siquiera ha escuchado el final de la frase. Comienza a moverse en la silla, incómodo, como si quisiera marcharse.

—No sé, Klara. Suena todo muy bonito, pero sería muy complicado y muy caro, y estoy pasando un momento difícil con la librería. —Alza la mirada y tantea el asiento de al lado, como si buscara su chaqueta—. Si me disculpas, tengo que irme ya. Kafka tiene hora en el veterinario; ayer se comió una galleta de chocolate y lo noto raro.

Dicho esto, se marcha y me deja con mi café celestial con sirope de mango, y su silla vacía se me hace rara, porque, de algún modo, creo que echo de menos discutir un rato más con el ogro librero.

8

Gabriel

Hay un motivo por el que voy todas las mañanas al Carpi Café, y ese no se lo mencioné a Klara cuando me lo preguntó el otro día.

Desde que tuve que dejar mi piso porque ya no me podía permitir el alquiler, la vida ha cambiado bastante. No tengo una cafetera en condiciones en la trastienda de la librería, y me he hartado del café de sobre y las rosquilletas de bolsa. De ahí que vaya tanto al Carpi Café. Está cerca de la librería, el café es decente, y puedo sentarme en un rincón sin tener que hablar demasiado con nadie. Bueno, excepto con Amaya. Pero ella me cae bien. Más o menos. Y trabaja allí, así que hablar con ella es como una especie de impuesto que pago de buen grado a cambio de pastas recién hechas.

Es lunes, y de nuevo me sumerjo en este templo de café con olor a canela y chocolate, donde aún siento la sombra de Klara y cómo la dejé plantada ayer con la excusa del conejo, al que, realmente, no le pasaba absolutamente nada.

—¿Qué tal, Gabriel? ¿Cómo van las ventas? —me pregunta Amaya, mientras prepara mi café con leche habitual, sin ni siquiera preguntarme qué quiero. Ya se lo sabe de memoria y aprecio poder ahorrarme unas cuantas palabras.

—Sorprendentemente mejor —respondo con algo de sorpresa en la voz, todavía asimilando el éxito del último círculo literario.

Amaya sonríe mientras termina de espumar la leche.

—Es gracias a la nueva chica que has contratado, ¿verdad?

—¿Klara? —hago una pausa, pensando en lo que ha dicho—. No la he contratado. Más bien se me ha apalancado sin permiso.

Amaya suelta una carcajada mientras me entrega el café.

—¿Que se te ha apalancado? ¿Qué quieres decir con eso?

Hago un gesto hacia mi mesa, para que entienda que la historia es demasiado larga para explicársela.

—Es complicado —le digo, y me encojo de hombros.

Amaya, que es la persona más curiosa que he conocido jamás, le echa una mirada rápida a su compañero Lucas para que la sustituya. Este sigue detrás del mostrador, y me mira de reojo. Yo a él también, porque estoy seguro de que ayer estaba intentando ligar con Klara. Amaya me sigue hasta la mesa con un trapo en la mano, fingiendo que va a limpiarla. Se apoya ligeramente en la mesa y empieza a frotar sin mucho entusiasmo.

—Entonces, ¿la escoba funcionó? —dice con una sonrisa traviesa—. ¿Se reunió el aquelarre de brujas en tu librería y vendiste libros de pociones?

Soplo sobre el café antes de tomar un sorbo. La broma no tiene gracia, pero no se lo hago notar.

—La verdad es que consiguió reunir a bastante gente. Entre los que invitó ella y los curiosos que entraron al ver la multitud, nunca había tenido tanta gente en La Catedral Azul desde que la heredé de mi padre... ni siquiera en las mejores Navidades.

—Eso está genial, Gabriel. ¿Y qué ha hecho para conseguirlo?

—¿Limpiar, creo?

Ella me ríe la broma, que no lo es del todo.

—No sé, al parecer conoce a algunos periodistas famosos y consiguió que promocionaran el evento.

Amaya asiente con apreciación.

—¿Y ahora cuál es el siguiente paso? —pregunta.

Le doy otro sorbo al café, pensando en la escena de ayer.

—El otro día la escuché en la barra —continúa Amaya, bajando la voz como si me confiara un secreto—. Estaba hablando con Lucas, diciendo que eres un ogro gruñón.

Pone cara de inocencia, pero sé que está disfrutando del chisme.

—Ah, ¿sí? —pregunto, intentando sonar indiferente, aunque me pica un poco la curiosidad por saber lo que Klara piensa de mí—. ¿Y qué más dijo?

—Pues te conoce bastante bien, por lo que oí. Hasta sabe que juegas al ajedrez por carta. ¿Qué tal va la partida con ese ruso? ¿Cómo se llamaba...? ¿Yuri?

—Voy ganando, creo. Esta tarde iré a correos para enviarle mi próxima jugada.

—Tío, ¿no te has planteado jugar al ajedrez por Internet y dejarte de tanta carta? Te ahorrarías años de espera —me dice, acomodándose en la silla de al lado, aunque se queda al borde por si la llaman desde la barra.

—Ya sabes que intento evitar usar Internet si puedo —respondo encogiéndome de hombros—. Además, así tengo tiempo para pensar bien cada jugada.

—Claro, tiempo es lo que no te falta. ¿Cuánto llevas ya con esta partida? ¿Cuatro años?

—Cinco —la corrijo, con algo de orgullo.

—¡Madre mía! —exclama, soltando una carcajada—. Bueno, ¿y qué? ¿Vas a dejar que Klara te haga un perfil en las redes sociales o no? —pregunta sacando su móvil del bolsillo trasero de los vaqueros—. Mira, el perfil de tu competencia está súper currado. Fíjate en esas fotos, son los de enfrente tuyo. Yo en tu lugar me pondría las pilas.

Pese a mi resistencia, no puedo evitar echar un vistazo. Las fotos, lo admito, están bastante bien. Incluso a mí me entran ganas de comprar alguno de esos bestsellers mediocres e insulsos cuando los veo rodeados de florecitas y mantas de calceta.

—Son solo imágenes banales. Ni siquiera explican de qué van los libros —digo, apartando el móvil y cruzándome de brazos con firmeza.

—Venga, ¿por qué no dejas que la chica te

ayude? —insiste Amaya—. Parece maja. Yo la veo aquí todos los días. Es un torbellino de ideas. Siempre está tecleando en el teléfono como una loca.

—No quiere ayudarme solo por ayudar —replico—. Tiene sus propios intereses. Quiere que promocione a uno de sus autores... Un charlatán, un vendehumos.

—¿Y quién es ese tío? Venga, suelta prenda.

Amaya se agacha un poco, intrigada.

—No puedo decírtelo. Es confidencial —respondo, aunque sé que no tardará en sonsacármelo.

—¿Has firmado algo? —me dice con una ceja levantada.

—Bueno, la verdad es que... no. Pero es un tipo que habla con las zanahorias. Un rarito.

Amaya suelta una risa tan fuerte que la mitad de la gente voltea la cabeza hacia nosotros.

—¡El Vegano Cuántico! ¡Claro que lo conozco! Tío, si ese tío hace una presentación en tu librería, te explota el negocio. ¿Sabes cuánta gente lo sigue?

—No pienso hacerlo. ¿Has visto las cosas que escribe?

—¿Ese libro sobre zanahorias que salvan a la humanidad? ¡Pero si es una trama súper guay!

—¿Cuántos libros has leído este año? —le pregunto con un suspiro, sabiendo que la respuesta será poco inspiradora.

—Bueno... —se frota la cabeza, donde el azul de su pelo contrasta con el negro de las raíces—. Me he leído las instrucciones del tinte. Hace tiempo.

—Eso no cuenta como libro, Amaya. Hablo de literatura. ¿Has leído alguna novela?

—A ver, Gabriel, tú sabes que yo no tengo tiempo para esas cosas. Entre el trabajo aquí y tocar con el grupo... solo me falta sentarme a leer libritos. No me puedo dar esos lujos, como otros.

—Ya, eso dicen todos —murmuro, resignado—. Y por eso me estoy hundiendo.

—No te estás hundiendo porque la gente no lea. Te estás hundiendo porque eres un cabezota y no quieres avanzar con los tiempos. Como sigas así, te van a poner a ti y a tu librería en el Museo Arqueológico.

—No pienso posar con filtros ni hacerme selfies con libros —protesto, cruzando aún más los brazos.

—Tú verás —dice, guiñándome un ojo—. Yo creo que quedarías muy mono: podrían apodarte "El librero cañón". —Se ríe y mira hacia Lucas, que la amonesta con el dedo desde lejos—. En fin, me voy. Tengo que seguir currando. Pero si yo fuera tú, le haría caso a la editora. Además, es muy guapa. Me gusta hasta a mí.

—Creo que no es de las tuyas —digo, como quien no quiere la cosa.

—¡Me da igual, yo ya tengo bastante con mi Chica de Oro! Pero a Lucas parece que le hace tilín —me responde, con una sonrisa cómplice.

—No es verdad —protesto, más molesto de lo que quisiera—. ¿Qué sabrás tú?

—¡Claro que sí! Si no fuera porque aún está superando lo de Lucrecia, ya le habría tirado la caña.

Pero el pobre no está para esas cosas todavía. Lo único que hace es llorar por los rincones y componer canciones cursis.

—A lo mejor el problema no es Lucas, sino Klara —respondo, sintiéndome inspirado de pronto—. Todas las mujeres guapas tienen manías raras. ¿Y si es de esas que no pisa las juntas de las baldosas, o colecciona botones y les pone nombre?

Lo digo en tono neutral. No hace falta que Amaya sepa que soy culpable de haber hecho ambas cosas en el pasado, cuando pasaba por momentos difíciles. Es más; todavía llevo a Quevedo en el bolsillo porque creo que me trae suerte.

—Admito que es raro que una chica tan guapa esté libre —dice Amaya pensativa—. Pero yo creo que no es nada de eso. Seguramente trabaja demasiado, eso es todo.

—No sé. Habla por los codos y con todo el mundo. Yo me moriría si tuviera que hablar con desconocidos sin parar.

Me encojo de hombros, y Amaya se ríe.

—Ya, Gabriel. Pero tú no hablas con nadie. Eso tampoco es muy normal.

—Estoy hablando contigo —le digo, con algo de fastidio.

—No, tú solo hablas conmigo porque estás atrapado en esta cafetería. Si no, ya habrías encontrado la manera de escabullirte a leer algún libro gordísimo.

No sabe cuánta razón tiene.

Amaya se va dando saltitos, tarareando una canción mientras yo termino mi café y pienso en la propuesta de Klara de montar una feria del libro en La Catedral Azul.

Blog de Klara Comelibros, 8 de septiembre

Clásico del día: Alicia en el país de las maravillas

Sinopsis:

Alicia se cae en un agujero que la lleva a un mundo psicodélico lleno de animalitos, gente con ropa rara y personas con muy mala leche empeñadas en cortarle la cabeza.

Conclusiones personales:

Alicia, cómo te envidio. Al menos tú pudiste despertar de esa pesadilla.

Nota: 5 estrellas sobre 5.

9

Klara

Cuando llego a la casa de Kieran, lo primero que noto es el olor a incienso y a caca de cabra, y un suave murmullo de cánticos que proviene del interior. Eso, y que el portón está abierto de par en par, como si la energía del universo mismo lo hubiera dejado así. O como si estuviera roto.

Según su cuenta de Instagram, hoy a las diez de la mañana tiene programado un taller en el que enseñará a sus discípulos a "bailar con el espíritu de la soja". No sé muy bien qué significa, pero suena tan delirante como todo lo que viene de él. He decidido presentarme en su casa a las nueve, por si acaso, antes de que el circo de danzas místicas empiece y se pongan a repartir taparrabos. Como se niega a darnos su número, supongo que para evitar "la radiación electromagnética", tengo que aparecer sin avisar. Aparco en la esquina para no destrozar los amortiguadores en el camino de cabras que lleva hasta su casa. Esta vez he venido preparada: llevo unas zapatillas deportivas de repuesto.

El entorno de su casa es exactamente lo que esperaría de alguien como Kieran: un jardín rodeado de alcachofas en flor y cabras salvajes, y una casa que parece sacada de una novela de realismo mágico, con móviles de bambú por todas partes. Aunque, para mi alivio, hoy no hay nadie bailando desnudo... de momento.

Mi misión es simple:

1. <u>Punto uno</u>: explicarle otra vez a Kieran que Gabriel, el dueño de la librería, tiene algunos "inconvenientes" con su libro.
2. <u>Punto dos:</u> convencerle (esta vez sí) de que la presentación debe hacerse en un lugar normal, como el centro comercial, donde el dueño no se santigüe tras la sola mención de su nombre o del título de su novela.

Por supuesto, la casa de Kieran no tiene timbre, sino una especie de campanita colgada de una cuerda grasienta que, al tirar de ella, emite un sonido metálico. Lo intento varias veces, pero no obtengo respuesta. Me imagino que estará meditando con sus cabritillos en algún prado cercano. Decido aventurarme por el jardín: la verja está abierta, así que técnicamente no estoy violando ninguna norma, ¿no?

El jardín tiene matojos silvestres y abejas por todos lados, pero lo peor de todo son las verduras, las tan alabadas hortalizas de las que siempre presume en sus redes, que están en un estado lamentable. Me pregunto si las brillantes y jugosas zanahorias que postea en su Instagram serán fruto de Photoshop o las comprará en el supermercado del pueblo.

Mientras camino alrededor de la casa, me asomo por las ventanas con curiosidad, esperando encontrármelo en una profunda meditación entre cristales de cuarzo y velas aromáticas, o abrazado a algún árbol milenario.

Sin embargo, lo que veo a través del cristal me deja atónita.

Kieran está tumbado en un lujoso sofá eléctrico de masaje que parece de piel natural. Frente a él, una pantalla de televisión de cien pulgadas por lo menos reproduce un partido de fútbol, tintando todo el interior de verde. En una mano sostiene un iPhone de última generación y surfea por internet, mientras que con la otra come ganchitos con sabor a jamón serrano de una bolsa de plástico.

Me quedo paralizada frente a la ventana, sintiéndome como si acabase de viajar a una dimensión paralela.

Kieran, el Vegano Cuántico, está repantigado en un sofá hecho *de piel de animales*, atiborrándose de comida industrial y sometido a la radiación de una tele enorme y un móvil conectado a internet.

Lo que en un principio confundí con cánticos místicos es la algarabía del público, que anima a su equipo preferido en la tele como una horda de fanáticos.

Doy unos golpecitos en el cristal sin pensarlo, pero al darme cuenta de lo que acabo de hacer, me entra el pánico y salgo corriendo como si fuese una adolescente traviesa gastándole una broma pesada a su vecina. Me detengo cerca de la verja, respiro hondo y vuelvo a tocar la campanita, como si acabase de llegar.

Cinco minutos después, Kieran aparece. Viste una túnica blanca y lleva un puerro en la mano. *Un puerro.* Me pregunto si es su versión de un cetro sagrado o algo por el estilo.

—¡Oh, hermana Klara, bienvenida! —me saluda con su habitual tono ceremonioso—. ¿Qué haces aquí tan temprano? La sesión no empieza hasta las diez.

—No, Kieran, no he venido por la sesión... —le digo, aún con la imagen de él en el sofá comiendo ganchitos revoloteando en mi mente—. He venido por lo de la presentación de tu libro. Tenemos... algunos problemillas.

—No quiero escuchar sobre problemas —responde rápidamente, agitando el puerro con un gesto dramático—. Eso es negatividad. Yo solo visualizo soluciones y creo mi propia realidad. Simplemente, manifiesta mi presentación, Klara. Puedes hacerlo.

Me froto la sien. Me lo repito una vez más: *este tipo tiene millones de seguidores, y si logramos que Gabriel presente su libro, sería un éxito rotundo para la editorial... y para mí.* Pero con todo ese misticismo y desconexión de la realidad me tiene al borde. En serio.

—Kieran, por favor. No se trata solo de manifestar. Gabriel... el dueño de la librería... resulta que no está muy convencido. Dice que tu libro no es su estilo.

—¿Por qué no te quedas al taller? —me

interrumpe, ignorando completamente mis palabras—. Hoy manifestaremos nuestros deseos más profundos bajo el sol del mediodía. Bailaremos durante dos horas mientras el cosmos nos habla a través de los poros de nuestra piel y los brotes de soja. Solo necesitamos llevar el taparrabos de la verdad.

Intento contener una carcajada, pero se me escapa un sonido que podría describirse como una mezcla entre una tos y un rebuzno.

—No... no, gracias, Kieran. —Le enseño fotos de más librerías que imprimí antes de venir—. Mira, ¿qué te parece esta? Es una librería preciosa, toda de mármol blanco. ¿Por qué no te lo piensas? Puedes venir a Barcelona, y ultimamos los preparativos en un entorno más... profesional.

—Klara, ya te he dicho que no me gusta ir a Barcelona. Está llena de polución y de almas impuras con auras densas —me suelta, moviendo el puerro de arriba abajo como si estuviera santiguando el aire a mi alrededor.

En ese momento, una furgoneta diminuta llega por el camino de tierra y se bajan cuatro individuos que parecen sacados de una comuna hippie, con túnicas coloridas y, lo que me sorprende más, ramos de alcachofas en flor.

—¡Bueno, bueno, ya empiezan a llegar los alumnos! —dice Kieran emocionado, frotándose las manos—. ¿Seguro que no quieres quedarte? Te haría un descuento del tres por ciento por ser parte de mi equipo. Y oye, ya que estamos, ¿qué tal si te doy un código de afiliada? Así puedes vendérselo a tus amigas. ¡Y también tengo cámaras antirradiación con comisiones jugosas! Ah, y una máquina buenísima para bendecir el agua del grifo... ¡te crece el pelo más rápido si te lo lavas con ella!

Kieran no para de hablar, y mientras yo me devano los sesos en busca de cualquier excusa para huir.

—Bueno... me encantaría, pero ya sabes... tengo que trabajar, muchos libros pendientes... —Respondo mientras retrocedo poco a poco, lista para salir corriendo.

El grupito de individuos con túnicas se acerca a Kieran y hace una extraña reverencia, para después posar los ramos de alcachofas a sus pies como ofrenda.

—¡Maestro! —lo saludan—. Bendícenos con tu sabiduría ancestral y cósmica. Ayúdanos a alcanzar el nirvana de la verdura.

Kieran sonríe halagado, y yo aprovecho el despiste para echar a caminar por el estrecho camino de barro que me lleva de vuelta al coche. Cuando pienso que ya he conseguido escapar del ritual de la soja y de los códigos de afiliada, Kieran me llama otra vez, agitando el brazo.

—¡Klara! —grita, acercándose con su túnica revoloteando al viento.

Sujeto la puerta del coche abierta, dispuesta a saltar dentro si me tiende algún taparrabos.

—¿Sí? —digo sin mucho ánimo.

—Me han llamado de la editorial Unicornio Blanco. Me ofrecen el doble que vosotros. Y una presentación... en una catedral de verdad. En pleno centro de Madrid.

Cierro los ojos por un segundo. *No, no, no. Si Kieran se cambia de editorial por mi culpa, la jefa me matará y me quedaré sin ascenso...*

—¿Unicornio Blanco? —repito con desdén—. Sabes que son una editorial muy pequeña, ¿verdad? —Luego se me ocurre algo mejor—. Y, además, el mes pasado publicaron un manual sobre la dieta paleocarnívora. ¡Pobres animalitos!

—Seré vegano, pero soy tolerante con los no iluminados, Klara.

Sí, y te gustan más los billetes que el brócoli al vapor, pienso, pero me contengo.

—Kieran, no te preocupes. Solo dame un par de días más. Si es tan importante para ti, te conseguiré tu presentación, lo prometo.

Le lanzo mi sonrisa más profesional y cierro la puerta del coche, decidida a conseguir mi propósito sea como sea.

Blog de Klara Comelibros, 9 de septiembre

Clásico del día: La metamorfosis de Kafka

Sinopsis:

Gregor Samsa se levanta una mañana y descubre que se ha transformado en una enorme cucaracha sin saber cómo.

Conclusiones personales:

1. Ese conejo no es un conejo.
2. Kafka es una coneja, y dudo que se haya transformado durante la noche.
3. Llevo días diciéndolo y nadie me hace caso.

Nota: 2 estrellas sobre 5. Nadie se transforma en cucaracha de la noche a la mañana. El que es cucaracha, nace así. Lo sé porque mi ex era una; es solo que no supe verlo al principio.

10

Klara

Por la tarde, cuando llego a casa, encuentro a mis compañeras de piso tiradas en el sofá, con mascarillas hidratantes en la cara. Ruth lleva dos dedos de arcilla verdosa sobre el rostro, y Sophie se ha puesto la máscara eléctrica, esa que parece salida de una película de terror.

—¿Quieres una? —me ofrece Ruth, señalando el bote de crema verde sobre la mesa.

—Hoy paso —respondo, negando con la cabeza—. Tengo cosas que hacer.

—¡Pero si te encantan estas cosas! —insiste Sophie por debajo de su aterradora máscara LED—. Siéntate, hemos pedido pizza y vamos a hacer un maratón de pelis románticas.

A veces me pregunto si alguna de estas dos trabaja de verdad, porque siempre que llego a casa me las encuentro de picnic en el sofá. Al final va a tener razón Markus y soy una tonta por pensar que, solo por trabajar tanto, algún día llegaré a ser alguien en el mundo editorial.

—Me encantaría, pero no tengo tiempo. Tengo que ponerme al día con el blog —miento, mientras dejo unas carpetas en la mesa del salón.

—Deberías de escribir alguna reseña sobre libros de escoceses —propone Ruth, y un trozo de arcilla se le mete en la boca, haciendo que su voz suene rara—. Ya sabes, esos libros sobre tíos buenos con faldas de cuadros que no llevan nada debajo y llaman a las mujeres *sassenach*.

—Aunque a mí me gustan más verlos en la tele que leerme los libros —comenta Sophie con tono inocente—. Se ve mejor... el argumento.

Sí. *Todas sabemos que Ruth y Sophie ven esas series solo por el argumento.*

—Bueno, a lo mejor la semana que viene —digo—. Para hoy ya tenía una idea. Pero avisad cuando llegue la pizza, a eso sí que me apunto.

Me encierro en mi habitación y abro el portátil. Empiezo a teclear como una tormenta de letras, en un súbito arrebato de inspiración.

Una vez terminado, le doy a publicar. Me quedo mirando la pantalla, un tanto nerviosa, pero con un hormigueo de satisfacción. Esto no es hacer trampa, ¿no? Solo he expresado mi opinión libremente. No estoy tratando de influir en nadie ni nada.

Sin embargo, una idea loca empieza a revolotear por mi cabeza. ¿Y si...? ¿Y si, además de eso, le creo un perfil en Instagram a la librería?

Nadie me puede detener, ¿no? Y técnicamente, cualquier persona puede hacerlo, si el nombre está libre. Seguro que no hay muchas catedrales pintadas de azul en Barcelona, y a alguien más le habrá llamado la atención, aparte de al rarito de Kieran. Claro, ¡podría ser un fan anónimo!

Mientras hablo sola, busco en Instagram si el nombre está disponible.

Lo está.

Creo la cuenta, añado la foto de la fachada que tomé el primer día y edito el letrero en Photoshop para que se lea claramente "Librería La Catedral Azul", en vez de "Libr... RATA". Ahora sí, está perfecto. Solo me falta un pequeño detalle: convencer a Gabriel de que todo esto ha sido una gran idea. Pero seguro que no me cuesta demasiado...

**

Al día siguiente, me presento en la librería, dispuesta a ejecutar la segunda parte de mi plan. La puerta emite un leve tintineo al abrirse, pero Gabriel no aparece de inmediato. En cambio, me recibe el conejo (o, mejor dicho, la *coneja*), que salta directa a mis brazos, reclamando algo de comer. Como siempre, he venido preparada y le traigo palitos de zanahoria, que agradece con un movimiento de hocico de lo más mono.

—¿Gabriel? —digo en voz alta mientras me paseo entre los estantes, apreciando el cambio conseguido en tan solo unos días: todo está mucho más limpio y ordenado, y ya casi no huele a rata muerta.

Gabriel aparece desde el fondo de la tienda, secándose las manos con un trapo, como si estuviera ocupado con algo. Lleva unos vaqueros viejos y una camiseta blanca, y su pelo ondulado, algo largo, está revuelto con un delicioso aire bohemio que le sienta a la perfección.

—¿Qué tal va el día? ¿Cómo fue en el veterinario? —pregunto casualmente.

Me mira confundido, como si no supiera de qué le hablo, y se sube un poco las gafas con el dedo índice.

—¿Veterinario? ¿Qué veterinario?

—¿Sí, claro? Dijiste que Kafkalina había comido galletas de chocolate durante el círculo literario —digo para ponerlo en contexto.

—¡Ah! Es verdad, sí... Las galletas. —Mira al conejo, pensativo, y de pronto se pone a hablar de carrerilla—. Eh... al final resultó ser una falsa alarma. ¡Sí! Parece que... eran, eh, galletas sin chocolate, ya sabes, de esas que *parecen* de chocolate, pero en realidad no lo son. Casi me engañan a mí también. El veterinario dijo que solo tenía... eh, ansiedad por separación.

—Pero... si estuviste con Kafka todo el tiempo.

—¡Ah! Es verdad, sí. Pues... ¿Sería por separación de ti, supongo? —Me dedica una sonrisa torcida y encantadora, y las gafas se le escurren nariz abajo—. Como siempre le traes zanahorias, supongo que te ha cogido cariño. Debió de darle pena que te fueras.

Se me escapa algo entre una risa y un resoplido. Su torpeza social es conmovedora.

—Gabriel, te noto raro.

Deja el trapo y se acerca a acariciar la cabecita del conejo: cuando hace eso, es una visión a partes iguales sexi y tierna, y ni siquiera entiendo por qué.

—Bueno. He estado pensando. Y creo que...

Se calla y mira hacia el estand de novedades, en el que faltan bastantes libros. ¿Los habrá vendido o se los habrá comido el conejo? Quiero pensar que es lo primero.

—¿Qué es lo que crees? —lo animo a continuar.

—Pues que parece que la librería está cogiendo algo de vidilla desde que organizaste el café de los sábados el otro día... —confiesa con dificultad.

—¡Me alegro! —digo con los ojos entrecerrados—. ¿Solo eso?

—No. —Traga saliva y se pone de pie. Empieza a abrir cajones como si buscase algo, aunque me doy cuenta de que ha abierto el mismo ya tres veces—. Verás, he estado pensando lo que dijiste, y creo que eso de la *Feria del libro libre* sería muy bueno para el negocio, si pudiera permitírmelo. Y... si supiera cómo hacerlo.

—¿Me estás pidiendo ayuda?

—No. Bueno. Sí. —Se pone tenso y se cruza de brazos—. ¡No lo sé!

—¿Te has pensado lo del Vegano Cuántico? —le lanzo, esperando su negativa predecible.

—Tampoco te pases —me responde con una rotundidad que corta cualquier discusión.

—¿Y qué me dices de lo de publicitarte en las redes? —insisto, acercándome un poco más a él con aire travieso.

Da un paso atrás con los brazos abiertos,

como si estuviera intentando proteger a sus estantes de la radiación nociva producida por los libros malos de Kieran y los trolls de internet.

—¿Has venido a torturarme con preguntas incómodas o solo a alimentar al conejo?

—He venido a proponerte algo —le sonrío, sacando una lista de razones que preparé la noche anterior—. Y creo que estarás de acuerdo, después de lo que acabas de decirme. Tengo una propuesta que te ayudaría mucho si al final decides organizar la feria de escritores independientes. Pero primero, necesitaré hacer fotos de los libros de la estantería de bestsellers que montamos el otro día.

Gabriel frunce el ceño con desconfianza. Empiezo a sacar de mi bolsa pañuelos, collares, monedas de chocolate, una pistola de juguete, flores y manzanas. Toda clase de accesorios que me pareció buena idea usar como *props* para las fotos.

—¿Qué es esto? —pregunta, cogiendo un caramelo del montón—. ¿Has ganado una piñata?

—¡No! —respondo, divertida—. Son accesorios para hacer fotos. Para el *bookstagram* de tu librería.

—¿El... qué? —me mira, incrédulo.

—He creado una cuenta en Instagram para La Catedral Azul. Y me da igual lo que digas, vamos a hacerlo —le digo, con una sonrisa provocadora—. Vamos a planificar este evento y será un éxito. Pero, para que funcione, tendrás que salir ahí fuera y decirle al mundo que existes. Ya lo verás: te gustará tanto que acabarás pidiéndome que invite al Vegano Cuántico.

—Estás loca —murmura, pero noto cómo empieza a interesarse en la idea.

Empiezo a montar un pequeño escenario para las fotos. Gabriel me observa en silencio, pero sus ojos siguen cada uno de mis movimientos. Coloco algunos libros sobre una manta suave, añado un ramillete de flores y doy un paso atrás para admirar la composición. Sin darme cuenta, me he quedado pegada a él, y noto su perfume a ropa recién lavada, al papel de los libros nuevos y a la madera antigua de su librería.

—A ver, Gabriel, ¿con cuál empezamos? —le pregunto, mostrándole dos novelas mientras me separo un poco—. ¿Cuál es tu preferida?

Duda un momento, como si fuera una decisión tremendamente importante. Finalmente, señala con un dedo tembloroso uno de los libros.

—Esa. *Las hijas* —murmura—. La trama está mucho mejor desarrollada que en la otra.

—Lo ves, es muy fácil. Así se empieza —le digo, intentando animarle—. ¿Tienes alguna lámpara flexo?

Para mi sorpresa, en vez de protestar desaparece por un momento y regresa con una lámpara. Mientras ajusto la luz, noto cómo Gabriel se inclina para ver mejor lo que hago. Ya no está tan a la defensiva. Es más: parece dispuesto a cooperar.

—Yo creo que deberías poner el libro en este lado. Así las flores no le hacen sombra —sugiere con timidez.

Asiento.

—Tienes razón. —Sonrío—. Creo que tienes

un talento innato para esto. ¿Tú le añadirías una pistola de juguete? ¿O queda demasiado violento?

Kafka se sube de un salto sobre un ejemplar de Mujercitas con los cantos dorados, y voy corriendo a hacerle una foto.

—¡Queda súper bucólico! —digo, mostrándosela en la pantalla.

—Siempre supe que un conejo en una librería serviría para algo —comenta Gabriel, y se le escapa una sonrisa sin querer.

La mañana se nos pasa volando. De vez en cuando entra algún cliente, y yo aprovecho para recortar y girar las fotos digitales. Después de un par de horas tenemos una buena colección, suficiente para inaugurar su cuenta de *bookstagram* por todo lo alto.

—¡Nos han salido maravillosas! —le digo, alegre, mientras reviso las últimas imágenes.

Él asiente, con aspecto sorprendido.

—No están mal —admite.

Viniendo de Gabriel, eso debe de significar que son fabulosas.

—Las estoy subiendo todas ya —comento emocionada—. En cuanto acabe, te daré las claves de la cuenta y podrás empezar a contestar los comentarios.

Su rostro se ensombrece, y casi puedo ver sus barreras subiendo de nuevo.

—No pienso hacer eso —murmura en voz baja.

—Venga, Gabriel. Solo es hablar de libros, pero a través de un teclado. Nosotros publicamos fotos de tus títulos preferidos y la gente te va a preguntar sobre ellos. Eso se te da bien, ¿no? Solo tienes que contestar con sinceridad y decirles qué partes te gustaron y por qué. ¡Y, si les atraen, vendrán aquí a comprarlos! Porque casi nadie más los tiene. Son libros bastante difíciles de conseguir.

Gabriel frunce el ceño.

Creo que, en el fondo, le gusta la idea, aunque no quiera admitirlo.

—Venga, ¿dónde tienes el ordenador? —pregunto, decidida a ponerle manos a la obra.

—Está ahí, pero no funciona —dice con un suspiro, señalando al mostrador.

—¿Cómo que no funciona? ¿No es el mismo que usas para cobrar a los clientes?

—Sí. Por eso he estado haciendo las facturas a mano —me muestra una libreta arrugada—. Tampoco hay tanto que hacer... —añade con un leve encogimiento de hombros—. Kafka se comió el cable del ordenador el otro día, y aún no he tenido tiempo de reponerlo.

Suelto una carcajada.

—¿Pero qué desastre es eso, Gabriel? Anda, déjame ver si tienes algún otro. Seguro que hay más por ahí tirados. Todo el mundo tiene cables de sobra.

Sin esperar su respuesta, me cuelo en la trastienda. Nunca había estado ahí, y lo que me encuentro me deja sin palabras. Ahí no hay ningún almacén... En vez de eso, tras la pequeña puerta se oculta un diminuto apartamento improvisado.

Me encuentro un sofá cama con las sábanas deshechas, una mesa con un tablero de ajedrez a medio jugar, un microondas oxidado, un hornillo de camping con su bombona azul, sobres de sopa instantánea y un bote de café en polvo de marca blanca.

¿Gabriel vive aquí? ¿En este antro sin ventanas de cinco metros cuadrados?

Kafka me sigue y salta sobre la cama, metiéndose bajo las sábanas, lo que hace que parezca que las mantas se mueven solas. Gabriel aparece rápidamente, y al verme allí, me mira horrorizado.

—¿Qué haces aquí? —me pregunta, claramente molesto.

—Perdona, estaba buscando otro cable para tu pantalla y pensé que esto era la trastienda... —intento excusarme, pero no puedo evitar preguntárselo—. ¿Vives aquí?

—Eso no es cosa tuya —responde con dureza, tratando de ocultar el caos de cajas de comida preparada a los pies del sofá cama.

Miro a mi alrededor, intentando procesar la situación. ¿Gabriel vive en el almacén de su librería? Ni siquiera parece tener una cocina, y el lugar está bastante descuidado. Pero lo que más me impacta es la sensación de soledad y abandono que desprende. Este sitio necesita un milagro, y rápido.

—No quisiera entrometerme, pero... Gabriel, ¿qué has estado comiendo estos días?

—Comida, obviamente —responde de forma cortante, con una mirada que parece desafiarme—. Sal de aquí. Por favor. Esta parte de la librería es privada.

Abandono el pequeño cuartucho sin decir nada más, y él pasa la llave y se la mete en el bolsillo para asegurarse de que no vuelva a colarme.

Poco después me invento una excusa y me marcho, sin hacer más preguntas. No tiene sentido forzar la situación.

Pero en mi cabeza, ya tengo un plan. Esto no puede seguir así. Desde fuera, miro los estantes llenos de libros olvidados y cubiertos de polvo. Esta librería tiene algo especial, y podría ser magnífica, con tan solo un poco de esfuerzo. No puedo permitir que este sitio precioso, y su dueño... su terco, brillante y testarudo dueño, sigan siendo el secreto mejor guardado de Barcelona.

Librería con encanto del día: La Catedral Azul, Barcelona

Hoy hago una excepción a mis reseñas de libros para hablaros de un comercio antiguo con muchísimo encanto que se encuentra oculto en una calle recóndita del centro de la Ciudad Condal.

La Catedral Azul fue fundada en 1920 por Pere Delmer, y desde entonces ha estado en manos de esta familia barcelonesa comprometida con la literatura de calidad y los autores locales.

El próximo mes de octubre, La Catedral Azul acogerá a más de treinta autores consagrados, que presentarán sus obras independientes en un evento de magnitud nacional en el que habrá sorteos, mesas redondas y, sobre todo, muchos libros en oferta para los lectores voraces como nosotros.

Os recomiendo encarecidamente que, si pasáis por Barcelona, le hagáis una visita a esta librería de cuento de hadas, y os adelanto además que durante la Feria del Autor Independiente habrá sorpresas inolvidables.

11

Klara

Gabriel no lo sabe, pero desde que comprendí la urgencia de salvar la librería, me he prometido a mí misma que haré todo lo que pueda por ayudarle. He conseguido convencerlo de que me deje montar el evento de autores independientes. Y no solo eso: le he pedido a Cecilia días libres para hacerlo. No sé muy bien por qué, pero siento que todo esto se ha convertido en un reto personal.

Pero ahora estoy aquí de pie, entre las estanterías de La Catedral Azul, y Gabriel me está mirando con cara de malas pulgas. Me descubro a mí misma pensando que, si él supiera todo lo que me pasa por la cabeza, quizá no se habría ofendido tanto por mi idea sencilla (y vale, un poco trillada) de invertir en algo de publicidad barata. Quizás entonces dejaría de mirarme como si acabara de sugerirle que se vista de payaso y lance confeti a los viandantes para atraerlos a la librería.

—Gabriel, si queremos que el evento tenga éxito, necesitamos atraer a más público. Podríamos hacer una campaña discreta con bloggers, o pagar por anuncios en webs sobre libros —le sugiero con un tono suave, como si estuviera convenciendo a un niño de que la col hervida no es venenosa, aunque huela mal.

—Ya te lo he dicho, Klara. Esta librería no va a vender su alma por unos cuantos "me gusta". —Su voz es firme, pero noto que, por primera vez, su ceño no está completamente fruncido—. ¿Por qué no basta con poner carteles en los comercios vecinos?

Suspiro. Está claro que Gabriel y yo venimos de planetas distintos. Creo que pasar tantos años encerrado en una catedral gótica lo ha convertido en un personaje de la época de Dickens. No viste capa y sombrero, pero vive anclado en el siglo XIX, cuando bastaba con abrir un comercio y esperar a que entrase la gente.

—No es venderse, es darle una oportunidad a tu negocio. Y no lo hacemos por los "me gusta." Lo hacemos por la exposición. —Lo miro directamente a los ojos, buscando ese pequeño atisbo de duda. Como siempre, su mirada inteligente me atraviesa, y me hace flojear las rodillas—. Hoy en día, con hacer las cosas no basta. Hay que conseguir que te vean; ponerse delante del cliente. La competencia es descarnada, y si sigue siendo invisible, La Catedral Azul se hundirá sin remedio. Si no te ven, no existes.

Gabriel me mira en silencio durante unos segundos que parecen horas. Kafka se nos acerca y parece sentir la tensión entre nosotros, porque se da la vuelta y desaparece dando saltitos entre los estantes.

—No sé, Klara —confiesa Gabriel—. Me estás pidiendo muchos cambios de golpe, y yo me siento como un pez fuera del agua en todo esto. Además, como tú bien has dicho, estamos hablando de publicidad pagada. O sea: me costará dinero. Y yo, ahora mismo, voy a llegar a fin de mes por los pelos. Solo me ha salvado el círculo literario del sábado pasado, pero eso no garantiza que pueda aguantar abierto hasta navidad. Yo no tengo un sueldo fijo, como tú. Tengo que mirar mucho los gastos.

Aparto la vista, algo incómoda por sus palabras. Entiendo que es su dinero. Pero yo sé que esto puede funcionar. Yo creo en este proyecto. Solo necesito que él también lo haga.

—Usaremos el presupuesto mínimo —le prometo—. Conozco gente que escribe sobre esto en las redes; algunos me deben favores. Haré todo lo que tú me digas, Gabriel, y no publicaré nada sin que tú lo apruebes antes. Pondremos entradas a la venta para el evento independiente, y alquilaremos estands a los escritores. Si no vendemos nada en la primera semana, terminaremos con todo esto de inmediato. Pero déjame intentarlo, ¿vale?

Gabriel no dice nada, pero asiente ligeramente.

¡Ha cedido! Quizás sea un pequeño paso para alguien de mi mundo, pero es una zancada enorme para un caballero decimonónico como él.

—Está bien. Pero entiendo que querrás algo a cambio, ¿no? Todo esto es mucho trabajo. Entiendo que te cae bien el conejo, pero no creo que sea suficiente.

Se me escapa una sonrisita traviesa.

—Bueno...

—Ya me vas a salir otra vez con el tío de las

zanahorias, ¿a que sí?

Esta vez, cuando lo dice, siento que su tono es algo más receptivo, así que me atrevo a exponer mi nueva idea.

—Te propongo algo. Pagaremos la publicidad a medias y nos repartiremos los beneficios. Y, si el evento de escritores sale bien, Kieran podrá presentar su libro de zanahorias en La Catedral Azul. —Mantengo la voz firme, aunque se me escapa un matiz suplicante contra mi voluntad—. ¿Qué tienes que perder?

Se lo piensa.

—Mi integridad —responde al fin.

Habla en tono débil, cansado. Pero lo entiendo. Sonrío débilmente y asiento.

—Saldrá bien. Ya verás.

—No soportaría hacer el ridículo y que las pruebas circulasen para siempre por las redes.

—No sucederá nada de eso. Te lo prometo.

—Está bien —concede—. Tienes tu oportunidad. Pero si fallas, no quiero volver a oír nada de *influencers* ni libros raros new age. Y borraremos todos los perfiles de redes sociales inmediatamente. ¿Trato hecho?

Me mira a los ojos. Para él todo esto es terriblemente serio.

—De acuerdo. Manos a la obra —respondo, y me pongo a buscar en mi lista de contactos a un par de bloggers amigos que podrían ayudarnos.

—¿De verdad estás haciendo todo esto solo por Kieran? —me pregunta, en voz casi inaudible—. ¿Por qué te importa tanto ese farsante?

Me muerdo el labio, dudando sobre qué responder. ¿Es por Kieran? ¿Es por conseguir ese ascenso? O es por...

La verdad, ni siquiera lo sé con seguridad. Por Cecilia seguro que no, porque me tiene frita: la jefa no está nada satisfecha conmigo, con todos los días de vacaciones que he gastado en este proyecto y con la falta de confirmación de la fecha de la presentación del Vegano Cósmico.

—No es por Kieran. Lo hago por mí —digo finalmente, tras pensármelo un buen rato—. Un día, alguien me dijo que estaba malgastando mi vida dedicándome a esto. Que debería dejar de intentar ascender en el mundo editorial, porque nunca llegaría a nada. Y quiero demostrar que no tenía razón.

—Eso mismo le dijeron a Jane Eyre, y al final consiguió lo que quería —comenta Gabriel con tranquilidad.

Me muerdo el labio un momento.

—Si bien recuerdo, Jane Eyre se enamora de un hombre casado que tiene a la esposa encerrada en el ático. Y al final, él termina ciego por un incendio —puntualizo—. Pero se casan, eso sí. Maravillosa comparación.

Gabriel sonríe abiertamente. No lo hace a menudo, pero cuando lo hace, usa todos y cada uno de los músculos de su cuerpo. Gabriel sonríe con el alma, con los hombros y con las cejas, y es una sonrisa que me calienta por dentro, a pesar de la humedad de esta antigua librería.

—Bueno, quizás Jane Eyre no sea el mejor

ejemplo —admite, mientras garabatea cosas sin sentido en un cuaderno—. Pero ya me entiendes. Quienquiera que te dijera eso, no tenía ni idea. Seguramente no te conocía. No sabía lo avispada y lo persistente que eres cuando quieres algo.

Siento el rubor subiéndome por las mejillas. Eso sí que no me lo esperaba.

—Bueno... —digo para cambiar de tema—. ¿Entonces qué te parece el último lunes de octubre para la presentación de Kieran?

—Tan malo como cualquier otro día. Se me ocurren pocas cosas que me apetezcan menos, aparte de una invasión alienígena.

—No sé qué decirte —contesto, divertida—. A lo mejor, los alienígenas apreciarían la charla del vegano cuántico mucho más que nosotros.

Ríe por lo bajo y yo respiro aliviada, sin poder creer que lo he conseguido. Gabriel me ha prometido una fecha fija, y dudo mucho que falte a su palabra. Puede que sea un gruñón, pero también es un hombre honorable, a diferencia de otros que conocí en el pasado.

Me encanta eso de él. No voy a negarlo.

Me quedo en la librería hasta tarde, y cuando salgo de allí, el aire fresco me golpea la cara y me despeja. No dejo de pensar en que Gabriel ha dicho que soy persistente y avispada.

Consulto el móvil mientras espero a que el semáforo se ponga verde: *Las cartas secretas de Helga* sigue trepando en las listas, y yo me alegro por Markus. Pero me alegraría aún más si hubiera escrito mi nombre en la página de agradecimientos.

Si hubiera admitido que yo también fui parte de ese éxito y que no escaló hasta ahí él solo.

¿Por qué me duele tanto pensarlo?

Algún día seré editora jefe, y entonces se dará cuenta de que yo valía mucho, y no debió dejarme marchar. De que yo tenía razón, y él se equivocaba.

Me inunda un mar de recuerdos, que me transportan a los reflejos rubios del pelo de Markus, al roce de sus manos sobre mi cuerpo, y a sus palabras llenas de promesas vacías. Siento de nuevo el peso de su libro sobre mis rodillas, con el bolígrafo rojo en la mano y sus besos descendiendo por mi cuello mientras trabajaba en su manuscrito en todas mis horas libres.

Ya desde el otro lado de la calle, veo cómo se apagan las luces de la librería. Guardo el teléfono en el bolso y sigo caminando. Imagino a Gabriel en su apartamento diminuto, hecho un ovillo con algún libro polvoriento junto a su dulce conejo blanco, y un destello de ternura me ilumina el corazón, borrando de un plumazo todo el rencor que siento por Markus.

Es hora de arremangarse y ponerse manos a la obra.

Mensajes entre José Luis y Gabriel, 1 de octubre

José Luis:
Mensaje de voz: ¡Eh, Gabo! ¿Ya organizaste la boda, digo... el evento ese en la librería? Solo falta que pongas flores y alfombra roja para la señorita Zanahorias. Chan, chan, chan, chan... *(entonando la marcha nupcial).*

Gabriel:
Qué simpático. Aquí el único que terminará casándose eres tú, que llevas ya cinco años viviendo con Ángela. Yo tengo cosas más importantes que hacer, como, por ejemplo, mantener mi negocio a flote.

José Luis:
Mensaje de voz: Sí, claro, claro... Porque a ti la señorita Zanahorias no te gusta en absoluto. Has cambiado el horario de la tienda por lo menos tres veces solo para poder coincidir con ella cuando sale de la oficina. Vamos, Gabriel, que no engañas ni a Kafka.

Gabriel:
Sandeces. Lo hice para testear la afluencia de clientes.

José Luis:
Mensaje de voz: No sé ni lo que significa afluencia, ¿es algo relacionado con tu nueva faceta de *influencer*? Que sepas que ya te sigo y le doy me

gusta a todo. De paso, sigo esperando la foto tuya con Kafka y orejitas de conejo. Estarías monísimo, tío. Si no sabes activar el filtro, yo te enseño. Aunque igual prefieres que lo haga *ella*. En privado. Vestida de conejita.

Gabriel:
Vete al cuerno, Joselu.

José Luis:
Mensaje de voz riéndose (1 minuto y 12 segundos). De verdad, me parto, tío. Estoy esperando el momento en que me mandes una invitación para que la conozca oficialmente.

Gabriel:
Me estoy arrepintiendo de haberte contado todo esto. Mejor vete al aula, a ver si se ha colado algún cerdo en ella... aparte de ti.

José Luis:
Hoy es sábado, Gabo. No hay clase. Pero sí, me voy a Teruel, que tengo que comprar un anillo.

Gabriel:
Anillo????

José Luis:
Sí, hombre, que se me pasa el arroz. Ya te mandaré una foto si Ángela dice que sí. Y si no, me mudo contigo a Barcelona y lloramos juntos. Por cierto, ¿cuándo es el gran evento?

Gabriel:
Dentro de un par de semanas. Y quédate tranquilo, siempre serás bienvenido en mi casa, aunque no tengas remedio. Aunque va a decir que sí seguro. Pero elige uno bonito, no seas rata, que te conozco.

José Luis:
Mensaje de voz: Tío, esto es una formalidad, está todo ya planeado. Además, yo soy un partidazo: profe de plástica con contrato fijo, casa propia, gallinero propio... ¡Venga, me las piro! Dale un beso a esa conejita de mi parte.

Gabriel:
Mensaje borrado: ~~¿A cuál de las dos?~~
Mensaje enviado: Lo haré, gracias. Suerte, tío.

12

gabriel

Seis semanas. Ese es el tiempo que hemos tardado en organizar todo esto, aunque en mi mente es como si hubiéramos empezado tan solo ayer. Los días han pasado volando, y no puedo creer que nos encontremos en la víspera del evento, en medio de la reunión que Klara ha organizado con todos los escritores que participarán. Parece que lo tiene todo controlado: la decoración, los sorteos, quién leerá qué y qué conferencias se impartirán. Ha contratado el catering y hemos conseguido vender todas las entradas, aunando sus esfuerzos digitales con los míos analógicos. Los preparativos han sido un torbellino de pruebas y errores, de risas y lágrimas entre libros y de noches en vela, ultimando este evento que podría definir el futuro de mi librería.

—Merche, por favor, recuerda que solo debes leer ese fragmento, y nada más —le está diciendo Klara a una de nuestras autoras.

Merche es una escritora novel que acaba de publicar su primer libro, y como la mayoría de los novatos, aprovecha cualquier oportunidad para hablarle a la gente de su obra y enrollarse más que las persianas.

Luego Klara se gira hacia otro, un chico nuevo que no conozco.

—Pau, por favor, recuerda avisar a todos los del hospital donde trabajas, ¿de acuerdo? Diles que habrá sorteos, y croissants gratis. A cambio, puedes tener el primer estand, junto a la entrada.

El chico le sonríe, y no me extraña, porque está preciosa, con su traje amarillo claro que contrasta con el pelo castaño, y esa seguridad en sí misma que la vuelve irresistible.

—Y tú... —Se gira hacia mí con los ojos entrecerrados y ladea la cabeza con aire travieso—. Tú asegúrate de que los libros estén bien exhibidos, cada uno en su sitio... y de que tu coneja no se coma el decorado.

Alzo una ceja, fingiendo estar ofendido.

—¿En serio me estás explicando cómo organizar mi propia librería? —pregunto con ironía.

Ella suelta una carcajada.

—Por supuesto —dice con fingida suficiencia—. ¿Algún problema con ello?

Sacudo la cabeza.

—Para nada. Me encantan las mujeres mandonas.

Y ella en particular, pero no pienso decírselo.

Klara resopla y se da la vuelta, ocupada en distribuir los pequeños puestos de venta entre todos los autores.

La miro con cierto anhelo: para ella, todo esto es un juego; una especie de apuesta. Pero, a mí, la duda me corroe.

La Catedral Azul es mi vida. Cada rincón de esta librería tiene una historia... La mía y la de toda mi familia.

Tras un rato, todos los escritores se marchan, y yo camino entre las estanterías, tocando los lomos de los libros con aprensión.

Tal vez este evento pueda salvarnos, pero... ¿y si es el principio del fin? ¿Y si es el último coletazo antes del cierre definitivo?

—Gabriel... —La voz de Klara me saca de mis preocupaciones, obligándome a girarme. Se ha quitado la americana, y solo lleva una camiseta blanca de escote amplio y redondo—. Me marcho a casa. Ya es muy tarde.

No sé por qué, pero, si no fuera tan raro y tan endemoniadamente difícil de hacer, le pediría que se quedara.

Le diría, *"Klara, si te quedases aquí esta noche, podríamos..."*

Ah, estupideces. Son solo los nervios. Se me pasará en cuanto abra mi libro y me evada del caos del mundo junto a Kafka.

—¿Estás nervioso? —me pregunta con dulzura, mientras se agacha para acariciar a Kafka en despedida.

—Bueno... Este lugar es todo lo que tengo, y si el evento sale mal...

—Lo sé. —Klara me mira, sus ojos brillando bajo las pocas luces que quedan encendidas, y Kafka se marcha de un brinco—. Pero saldrá bien, Gabriel. Te lo prometo.

Nos quedamos en silencio por un momento.

Si me moviera unos centímetros más, nuestros cuerpos se tocarían. Escucho su respiración, y el aroma de su perfume me inunda.

Me inclino un poco, con los ojos fijos en su rostro. Ella se queda quieta, tan cerca que siento el calor de su rostro y puedo ver a la perfección sus espesas pestañas, enmarcadas por dulces greñas de pelo castaño, despeinado tras horas de trabajo.

—Gabriel, yo... —susurra, acercándose un poco más, conteniendo la respiración.

Un estruendo rompe el silencio, y da un salto atrás, espantada. Me giro de golpe y veo a Kafka, que ha saltado sobre un expositor y ha derribado la torre de bloques de madera que habíamos construido para representar *Los pilares de la Tierra*.

—¡Kafka! —grito molesto.

No sé si me molesta más que haya estropeado el escaparate o que haya arruinado la frágil magia del momento.

Todo se ha esfumado, como si jamás hubiera ocurrido. Klara sonríe, cansada, y se pone en pie. Me mira con cariño y se pone la chaqueta amarilla.

—Buenas noches, Gabriel —me dice, dándome un abrazo amistoso—. Que descanses.

—Claro. Tú también.

Cuando se marcha, la librería queda llena de ecos, y todavía noto en el cuerpo el calor de su abrazo de despedida.

Sé que no podré dormir esta noche, corroído por los nervios. Pero, por primera vez en mucho tiempo, siento que no tendré que enfrentarme a la próxima batalla solo. Es como si el enorme bloque de hielo que llevo dentro se hubiera derretido un poco, liberándome de un peso que llevo demasiado tiempo cargando sin ayuda alguna.

Blog de Klara Comelibros, 12 de octubre

Clásico del día: Jane Eyre

<u>Sinopsis:</u>
Jane Eyre, una joven decidida y de fuertes convicciones, entra a trabajar en la mansión del misterioso señor Rochester, un tipo más reservado que un banco suizo. A pesar de su aire distante y de su capacidad para hacer sentir incómodos a todos a su alrededor, Rochester se gana poco a poco el afecto de Jane gracias a su integridad y esa intensidad silenciosa que a todas nos superencanta.

<u>Conclusiones personales:</u>
Hay algo intrigante (y bastante sexi) en los hombres íntegros, honestos y poco habladores. Las habilidades sociales están sobrevaloradas, y está claro que a Jane le gusta eso de Rochester, entre otras cosas.

<u>Nota:</u> 3 estrellas sobre 5. Señoras y señores, no es tan fácil cruzar la línea entre la amistad y... lo que sea. No. No lo es. Por mucho que las novelas románticas nos hagan creer lo contrario. Y menos aún, cuando le has contado alguna que otra mentirijilla a un hombre que valora la honradez sobre todas las cosas, y si se entera no volverá a verte con los mismos ojos.

13

Gabriel

El gran día ha llegado y todavía no puedo creerlo.

Todo está en su sitio. Las entradas se han vendido, el rótulo nuevo ha llegado a tiempo, y ya solo falta abrir la persiana y escuchar el veredicto del público.

Me levanto de la cama y me paseo bajo las bóvedas góticas antes de que lleguen todos. Dentro de un rato, estos pasillos llenos de ecos se convertirán en una bulliciosa feria de la escritura.

Con la ayuda de Klara, hemos transformado la librería en algo que parece sacado de un sueño. Los estantes están decorados con flores de papel hechas a mano. Pájaros de madera pintados a mano cuelgan del techo, como si volaran alegremente cuando los primeros rayos de sol atraviesan las vidrieras, proyectando sombras de colores en las paredes. Cada estantería, limpia y perfectamente ordenada, está llena de libros organizados por tonos y géneros, formando islas de colores que invitan a los visitantes a detenerse, tocar y leer. Incluso hemos creado pequeños escenarios junto a algunos libros, usando objetos que aparecen en las tramas.

Hay una novela romántica que Klara ha

rodeado con un ramillete de rosas rojas y pequeñas joyas: mis estantes parecen salidos de un cuento de hadas. Más allá, un libro de vampiros se alza entre telarañas falsas, un caldero de hierro y unas arañas de plástico que compramos aprovechando las ofertas de Halloween. La ambientación es perfecta, una combinación de lo gótico y lo teatral, con un toque de humor oscuro, irónico y divertido.

Caminando entre las mesas y estanterías, no puedo creer que esta sea mi librería. Me detengo a observar los pequeños puestos que hemos improvisado para los autores independientes. Cada uno tiene su espacio hecho con cajas de cartón, forradas con papel de charol brillante. Es un detalle sencillo, pero da un toque artesanal que encaja a la perfección con el espíritu de la feria.

Miro el reloj y tomo aire: ha llegado la hora.

Abro la persiana, y el primero en llegar no es Klara, sino el cartero. Me trae un sobre bastante grande, y por un momento pienso que podría ser la siguiente jugada de Yuri. Sin embargo, el contenido me sorprende: es una invitación a una boda.

Ay, madre. Con todo el lío me había olvidado lo de José Luis. En realidad, no me sorprende que se case: a efectos prácticos, es como si Ángela y él llevasen casados cinco años. Han tardado apenas un par de semanas en ponerse de acuerdo en todo, y ya sabía que esta carta llegaría pronto. Lo malo es que no tengo ni un céntimo para su regalo, pero ya me apañaré de alguna manera. Solo necesito que esta feria salga bien.

Dejo el tarjetón junto a la caja, y justo

entonces entra Klara como una tromba de energía: agita las manos de los nervios y se las lleva a las mejillas. Luego suelta un gritito adorable.

—¡Madre mía, madre mía! —exclama ilusionada, y me tiende un vaso de café—. Toma, te he traído tu café con leche aburrido del Carpi Café. ¡Para los nervios!

Me lo bebo de un trago, y poco a poco los autores que han alquilado un puesto van llegando y se instalan.

Y, entonces, llega el momento de inaugurar el evento. Abro las puertas de par en par. Me planto en la acera a esperar a que llegue la gente. Quito una mota de polvo del expositor de "Los más vendidos."

Pero la hora en punto llega y pasa, y en la librería no entra nadie, aparte de los autores que presentan sus obras, los mismos que participaron en la reunión de anoche llenos de esperanza, y que pagaron una buena suma por alquilar sus estands.

Vale. No voy a preocuparme todavía.

Me sirvo otro café del termo y miro a Klara de reojo. Me dedica una sonrisa tensa y se encoge de hombros.

—Será el tráfico —dice quitándole importancia—. Barcelona es un caos por las mañanas...

Pero cuanto más avanza el reloj, peor cara tienen los autores.

Una ansiedad palpable se apodera de la atmósfera. Miro a Klara, que se pasea de un lado a otro, cambiando adornos de sitio para matar el tiempo. Kafka la sigue feliz, dando brincos y ajeno a la tensión creciente.

Los autores, que inicialmente estaban llenos de entusiasmo, comienzan a mirarnos con desconfianza. Uno de ellos, que lleva una camiseta con la frase «*Crónicas de un boxeador descalificado por agresión: ¡Ya a la venta!*», se me acerca con aire belicoso.

—¿Y si no viene nadie? —pregunta con cara de querer machacarme. Debe de medir dos metros y medio—. ¿Nos devolverán el dinero de la entrada?

—¡Claro que vendrán! —responde Klara, aunque su propia voz tiembla ligeramente.

Se pone más café y se lo bebe como si fuera un chupito de vodka.

—Esto... sí, claro... os devolveremos la entrada, por supuesto —le digo al exboxeador, tragando saliva con fuerza.

Me siento cada vez más abrumado. Tengo que salir de la librería a tomar aire, antes de que el boxeador descalificado me haga papilla.

Esto es un desastre.

Todo el dinero en publicidad, tirado a la basura.

Mi nombre, mi reputación.

Todo echado a perder, para nada.

Habrá que devolver el dinero de las entradas, y ahora sí que tendré que cerrar la librería.

Le llevaré a José Luís una rata muerta de regalo de bodas.

Me apoyo en la fachada azul y miro al otro lado de la calle: ahí está mi archienemiga, la gran librería de la multinacional con su cartel color plátano. Cómo no, hay decenas, ¡No, cientos de personas en la puerta!

¿Cómo narices lo hacen, en serio?

¿Es solo porque no vendo freidoras de aire?

Me acerco, incrédulo, y escucho las conversaciones entre la gente.

—Si no es aquí, ¿entonces dónde? —pregunta una señora a otra, señalando la pantalla del móvil—. El GPS nos llevó hasta aquí cuando pusimos la dirección que había en Instagram. No lo entiendo.

La otra sacude la cabeza, extrañada.

—No sé, la dependienta no sabía nada de una catedral azul, pero intentó venderme un patinete con la cara de Don Quijote, la muy caradura.

¿Catedral azul?

—¡Klara! —grito, y estoy a punto de ser atropellado mientras cruzo la calle—. ¡Están aquí! ¡Están todos aquí! ¡La dirección estaba mal escrita!

¡Era eso! La catedral y esa librería tienen casi la misma dirección, pero la nuestra está en una parte menos visible cuando uno llega desde el centro.

Los coches me pitan, pero yo ni los oigo. Se me llenan los ojos de lágrimas de puro alivio, pero me los froto deprisa para que nadie se dé cuenta.

¡Por la Divina Comedia!

¡Era una falsa alarma!

—¡Pasen por aquí, por favor! —grita Klara, que sale de la librería y se pone a guiar a la multitud con los brazos levantados y un cartel enorme de nuestro evento.

La gente obedece, animada, y una enorme fila de compradores, como hormigas, abandona la famosa librería amarilla e inunda mi pequeño negocio.

Y, ahora sí, el bullicio en la tienda es casi ensordecedor.

La multitud es como una tromba: nunca había visto tanta gente a la vez en La Catedral Azul.

A partir de ahí todo se vuelve... surrealista.

A mi alrededor, los autores conversan animadamente con los visitantes, firmando libros y compartiendo sus historias en los pequeños estands temáticos que construimos para cada uno de ellos.

Hay risas, voces emocionadas, y más de un pequeño grupo agolpado alrededor de las mesas.

No tengo ni idea de cómo lo ha hecho Klara, ni de cómo ha conseguido atraer a toda esta gente, pero por primera vez en la vida no me siento como un librero fracasado que se pasa la vida jugando al ajedrez con la única compañía de su conejo.

Me siento feliz, y orgulloso de ser un Delmer.

—Klara... —murmuro, sin poder apartar la vista del espectáculo frente a mí—. Gracias. Gracias por todo esto. Es un sueño hecho realidad.

Ella observa la escena con las manos entrelazadas y los labios apretados de emoción. Asiente.

—¡Te lo dije! —responde sorbiéndose la nariz—. Sabía que podía funcionar.

Me siento increíblemente agradecido, aunque me cueste admitirlo. Guardo silencio, mientras mi librería, antes estática y taciturna, se convierte en un espacio luminoso que hierve de vida.

—Entonces... ¿estás contento? —me

pregunta Klara, ahora ya más calmada, mientras arquea una ceja.

—No lo sé —respondo, algo abrumado—. Todavía no puedo creer que este sea mi negocio. Parece otro. Parece... la librería de enfrente.

Ella se ríe suavemente.

—Deberías disfrutarlo más, Gabriel. Te lo mereces.

Nos quedamos callados por un momento. Hay gente por todas partes, libros volando de las estanterías, autores compartiendo sus pasiones, y aquí estoy yo, en el centro de todo, en el ojo de este maravilloso huracán.

Con ella.

Gracias a ella.

De repente, alguien se acerca. Es una periodista, cámara en mano y una grabadora colgada del cuello. No la había visto entrar, pero parece saber lo que hace.

—¡Gabriel! —me llama con voz amable—. Soy Lucía Martínez, de El Periódico Nacional. Nos encantaría hacer una pequeña entrevista contigo. ¡Esto es impresionante! ¿Nos cuentas cómo surgió todo?

¿*El Periódico Nacional* ha venido a mi librería?

La mirada de Klara se cruza con la mía, y siento una punzada de nervios. No me gustan las entrevistas, y menos cuando no sé qué me van a preguntar. Pero esto... Esto es una oportunidad única. Si salimos en un diario de alcance nacional como ese, mañana por la mañana todo el mundo habrá oído hablar de La Catedral Azul.

Antes de que pueda decir nada, Klara interviene.

—Claro que sí, Gabriel estará encantado de responder a vuestras preguntas —dice, sonriendo mientras me da un leve empujón hacia la periodista y murmura—: ¡Sonríe para la foto!

Respiro hondo y asiento. No tengo escapatoria.

—Bueno... todo empezó cuando...

Me subo las gafas con el dedo índice y miro a Klara. Ella asiente, animándome solo con la mirada. Comienzo a hablar y le cuento a la reportera la historia de la librería y del evento, todavía sin creérmelo del todo.

Después de un rato, la periodista se va con una sonrisa y la promesa de publicar algo en el suplemento de cultura.

—¡Lo has hecho super bien! —me dice Klara mientras nos alejamos un poco del bullicio para tomar un respiro.

—Odio ser el centro de atención —gruño, cabizbajo.

—¡Pues acostúmbrate, porque esto es solo el principio! —me guiña un ojo, y por un segundo, siento un calor dulce en el pecho, como el del primer café de la mañana.

Klara ha estado a mi lado durante todo el día, y siempre tiene la palabra justa para salvar todas las situaciones. Es guapa, extrovertida y alegre, y todos los asistentes la adoran.

La observo, con muda admiración, mientras

cobro cientos de libros y envuelvo algunos para regalo.

Es sencillamente fantástica, y creo que me he llevado la mejor parte de este trato.

Al final de la tarde, he vendido más ejemplares que en el resto del año junto.

Los autores empiezan a recoger sus cosas. Los visitantes se van, uno tras otro, y el bullicio de la feria se va apagando mientras el sol empieza a ponerse detrás de las vidrieras.

A las ocho y cuarto de la tarde, en la librería ya casi vacía aún resuenan los ecos de cientos de personas.

Me agacho a recoger una pila de libros caídos, y Klara se me acerca con una escoba y recogedor. Se acuclilla a mi lado para ayudarme.

—¡Gabriel! —dice en voz baja—. Esto ha sido un éxito. ¡Lo hemos conseguido!

Deja a un lado la escoba y me abraza torpemente con un solo brazo, todavía sentados en el suelo. Levanto la vista y extiendo un poco los brazos, sin soltarla, mientras sus ojos se clavan en los míos desde una distancia cortísima.

—No lo habría hecho sin ti —digo, casi sin respirar.

Ella sonríe, pero no dice nada. Siento su pecho subir y bajar contra el mío mientras me susurra al oído.

—Creo que después de esto me debes una cena, ¿no? —me dice.

—¿Una cena? —respondo, con la cabeza dando vuelta—. Claro, supongo... ¿solo una cena?

Se ríe.

—Gabriel... —susurra, y sacude la cabeza como si todo fuera graciosísimo.

Yo no entiendo nada.

Solo sé que necesito besarla y que no puedo aguantar un instante más sin sentir esos labios sedosos con los que llevo días soñando.

Me inclino hacia ella, y el espacio entre nosotros desaparece. Mis labios rozan su mejilla sonrosada, y ella inclina el rostro levemente. Continúo por las comisuras de sus labios y ella se gira hacia mí, dejando que nuestros labios se encuentren por fin en un beso suave y cargado de todo lo que no sé decirle de otra forma.

Blog de Klara Comelibros, 21 de octubre

Clásico del día: Orgullo y prejuicio

Sinopsis:

Elizabeth Bennet consigue derretir el corazón del estirado de Darcy, un tipo anticuado y con capacidades sociales atrofiadas pero que, por desgracia para Elizabeth, está de muy buen ver y tiene el corazón de oro. Ambos terminan rindiéndose a un amor que la autora intentó hacernos creer que era imposible (sin éxito).

Conclusiones personales:

No es que me haya pasado nada parecido ni que conozca a ningún ogro adorable, pero creo que Elizabeth y Darcy tendrían que haberse declarado antes; siempre fue obvio que estaban hechos el uno para el otro; la química entre ellos es palpable desde el principio, desde el primer instante en que él la insulta. Pero entonces la novela habría sido demasiado corta, supongo.

Nota: 3 estrellas sobre 5 porque los dos estaban ciegos y el desenlace se veía venir.

14

Klara

El beso me deja trastocada, y (para qué negarlo) deseosa de más.

Gabriel, tan tosco a veces, a menudo tan torpe en sus respuestas y reacciones, es dulce y atento al besarme, y me sostiene entre sus brazos como si fuera una flor delicada y exótica.

Entre el furor del evento y esto, me siento como en una nube. Miro a mi alrededor, y escucho unos pasos que se acercan. Pensaba que todos se habían marchado, pero la cabeza de Ruth asoma por detrás de una estantería, fingiendo que no ha visto nada. Gabriel se arregla las gafas, que con el beso se le han movido del sitio, y noto que está rojo como un tomate.

—¡Klara, menudo exitazo! —me grita Ruth mientras se acerca despacio, sujetando en alto una copa de vino como si fuera una campeona de maratón.

Me levanto y me sacudo el polvo de los pantalones, y le devuelvo una sonrisa agotada, pero sincera. Sí, lo hemos conseguido. El esfuerzo de semanas ha dado frutos. Las redes sociales están ardiendo, y tengo varios mensajes de periodistas y bloggers que preguntan por los próximos eventos.

—Pensaba que ya os habíais ido... —murmuro, mientras Gabriel recoge unos libros al azar y sale disparado a guardarlos en la otra punta de la librería.

Ruth lo observa alejarse con aspecto divertido, y me mira con la cabeza ladeada.

—Qué mono es —dice con tono soñador—. Si es que sois tal para cual.

—Ruth... —le digo en voz baja, ignorando su comentario y acercándome un poco más a ella—. ¿Me harías un favor?

—Depende. ¿Me prestarás tu plancha de pelo a cambio? La de placas cerámicas.

Sonrío.

—Cuando quieras. Pero, por favor... ¿Podrías llevarte a Sophie a cenar fuera? Yo os invito. Pero necesito el piso para mí sola esta noche. Para cosas... privadas.

Ruth se tapa la boca con cara avispada.

—Ohh... ¿te vas a tirar al librero? —suelta.

Le doy un empujón.

—¡Ruth, por Dios! ¡Qué bruta eres! Además, no grites, que te va a oír.

—A ver, que no te juzgo, el tío está bueno, a pesar de ser un gruñón. Es como... un adorable osito de peluche... con zarpas enormes.

—No voy a hacer nada, solo quiero hablar un rato con él a solas, ¿vale? Para comentar el evento.

—Claro —replica con un falso tono serio—. Y yo veo series de highlanders escoceses por el argumento.

Pongo los ojos en blanco, y ella me hace el

signo de la victoria con los dedos.

—¡Suerte! —me dice guiñando el ojo—. Pero dejad aquí al conejo. Es menor de edad y hay ciertas cosas que no debería ver.

Me acerco a Gabriel sacudiendo la cabeza. Mis compañeras de piso están locas, pero en el fondo las quiero.

—¿Cerramos? —le digo a Gabriel, dándole un pequeño codazo en las costillas—. Yo creo que, por hoy, ya está bien de libros.

—Pues sí —responde, esbozando una sonrisa torcida—. Esta noche no me apetece leer. Ya ves.

—Eso sí que es raro —comento, algo nerviosa, y luego añado—. ¿Qué te parece si cenamos algo en mi casa? Tengo unas pizzas en la nevera, y podríamos abrir ese vino que guardas en la trastienda...

Él duda un segundo, pero sonríe y me planta un beso rápido en la mejilla, mientras me dice al oído:

—Me parece una excelente idea.

***

El aire de la noche nos envuelve mientras caminamos hacia mi apartamento. Las calles de Barcelona nunca están vacías, pero a mí el bullicio continuo de la ciudad me relaja. Gabriel y yo vamos codo a codo, y, por una vez, no siento la necesidad de hablar demasiado. El evento nos ha dejado agotados, y el beso final ha dejado tras de sí un extraño interrogante acerca de lo que pasará después.

—Aquí es —digo finalmente, rompiendo el silencio mientras busco las llaves en el bolso.

Gabriel me coge la mano y la aprieta, y subimos juntos en el ascensor.

Ruth y Sophie han cumplido su promesa, y la casa está silenciosa y vacía. Enciendo algunas velas y pongo música de jazz. La atmósfera se vuelve cálida e íntima, y Gabriel se sienta en la barra de la cocina mientras yo enciendo el horno para asar las pizzas.

—No sé si tengo mucho más que ofrecerte, pero espero que te gusten —le digo, rebuscando en la nevera.

—Después de hoy, confío en ti para todo —responde Gabriel, apoyando los codos en la barra y observando cada uno de mis movimientos con tanto interés que me siento algo cohibida.

Empiezo a preparar también una ensalada improvisada con lechuga, tomate y taquitos de queso feta. Mientras corto, él parece pensativo, tan callado que comienzo a dudar si fue una buena idea invitarlo. Por favor, que hable. Que diga algo. Aunque sea sobre el conejo.

—¿Sabes? —dice de repente, como si pudiera oír mis pensamientos—. Jamás habría imaginado que mi vida iba a dar un giro tan... inesperado como este.

Lo miro por encima del hombro, intrigada, y dejo los tomates cortados a un lado.

—¿Inesperado pero bueno?

—Creo que... sí —responde, su mirada fija en la mía—. Sí, lo es. Cuando te conocí, había aceptado que sería el primer Delmer en romper la promesa familiar. Pero ahora, gracias a ti, mi misión seguirá viva. Al menos por un tiempo.

—Tu librería es muy especial, Gabriel. Tú entiendes a los autores, te dedicas plenamente a ellos, y te desvives por promocionar a aquellos que tienen verdadero talento, en vez de llenar tus estantes con los mismos títulos que todo el mundo, en busca solo del beneficio. Eres íntegro, honesto y no te dejas comprar. He llegado a conocerte bien durante estas semanas y eres... tan único como tu librería. Y te admiro mucho por ello.

Me callo de golpe, sintiendo que he dicho demasiado; aunque habría podido decir mucho más, pero habría estado fuera de lugar. Creo.

Gabriel se queda mirando una de las velas, cuya llama vacila al viento. Me acerco para apartarla de la corriente, pero cuando lo hago, Gabriel sopla y la apaga. Su mano roza la mía. Levanto la mirada y encuentro sus ojos. Tira de mí hacia sí, y yo no me resisto.

—Has puesto mi mundo patas arriba, Klara Schultz —murmura con voz ronca—. Y, aunque me cueste aceptarlo, me gusta.

—A mí también me gusta —respondo con voz entrecortada, mirándolo a los ojos.

—Y a mí me gustas *tú*, Klara —confiesa inesperadamente—. Tú, y tu perseverancia. Tú, y tu capacidad para sacar brillo a esta lámpara de Aladino oxidada.

El principio de nuestro beso es tímido, pero pronto se vuelve intenso y apasionado hasta que se desborda. Gabriel me toma en volandas y me lleva entre risas al sofá. Su perfume, ligero tras el largo día, inunda mis fosas nasales al tenerlo tan cerca. Mi mano viaja por debajo de su camisa negra y palpo sedienta su pecho delicioso, que no tiene nada que envidiar a los de esos escoceses que le gustan tanto a Ruth.

Le quito las gafas y parpadea confundido, pero yo me llevo un dedo a los labios.

—No veo nada —protesta entre risas.

—No hace falta —replico en un susurro—. Tú confía en mí.

—Siempre —responde.

Nos movemos en silencio, como si el mundo fuera solo este momento, solo nosotros dos. No hay prisa, pero tampoco duda.

Y esta noche, todo es perfecto.

15

gabriel

Me despierto temprano, mucho antes que ella. No es algo intencional, pero tras una noche de pocas horas de sueño, mi cuerpo tiene esta extraña costumbre de ponerse en pie antes de tiempo. Estudio las cortinas en tonos gris y rosa sin comprender, y los recuerdos dulces de la noche anterior me hacen sentir un agradable calorcillo por dentro.

Ya un poco más despejado, me levanto con sigilo, cojo las gafas de la mesilla y voy a la cocina a buscar un vaso de agua, con cuidado de no despertarla. Antes de salir la miro, y su rostro, tan hermoso y sereno mientras duerme, me saca una sonrisa tierna.

Recuerdo la invitación a la boda de Joselu, y me pregunto qué diría Klara si le pidiera que viniese a la fiesta conmigo. ¿Sería demasiado precipitado? Ni siquiera se lo he mencionado; no solemos hablar de esas cosas. Pero, después de lo de anoche, mil fantasías de viajes juntos y amaneceres campestres se despliegan una tras otra.

El apartamento de Klara es pequeño, pero está decorado con ingenio y posee ese toque que solo Klara sabe darles a las cosas: tejidos con estampados pastel y geométricos, pequeños detalles florales aquí y allá, y libros por todas partes. Es casi como si su personalidad se filtrara en cada rincón de la casa, aunque la comparta con esas otras dos chicas. Es acogedora, bonita y sofisticada... igual que ella.

Pongo la cafetera en marcha y mientras espero, mis ojos se posan en una pila de periódicos viejos que hay sobre la mesa. Cojo uno sin pensar demasiado y leo el encabezado: Diario semanal de los amantes de los galgos. La fecha es de hace semanas, un número del mes de septiembre.

Frunzo el ceño. Sigo sin entender esa obsesión que tiene todo el mundo con los galgos últimamente.

La portada no me llama mucho la atención, hasta que me fijo mejor.

Un momento... ¿Es eso mi foto en primera plana? Ahí está mi cara, y encima se lee claramente:

«He amado los galgos desde que tenía tres años. Son mi razón de ser y la única por la que abrí esta librería.»

Me quedo paralizado. ¿Qué majadería es esto?

Repaso el artículo, y de pronto recuerdo a la perfección una foto que me envió Klara semanas atrás: era un artículo muy parecido a ese, pero con algunas palabras cambiadas. Saco el móvil del bolsillo y los comparo, y no puedo creer lo que ven mis ojos: me envió el mismo artículo, pero retocado. Alguien ha cambiado el titular con algún programa, y ha borrado ciertas partes. ¿Me envió un artículo falso?

—¿Klara...? —Mi voz suena más fuerte de lo que pretendía.

Entro en el dormitorio, chocando con el marco de la puerta por descuido. Ella se revuelve entre las sábanas y se tapa el rostro, parpadeando contra la luz que entra por la persiana mal cerrada.

—Buenos días, mi librero sexi —murmura con voz ronca y una media sonrisa.

Abre los ojos y ve el periódico que tengo en la mano. Al instante, su rostro cambia. Se levanta de la cama de un salto y trata de quitármelo.

—¿De dónde has sacado eso? —pregunta horrorizada.

—¿Sabes algo de este titular? —aprieto el periódico contra el pecho para evitar que me lo quite, pero ella tira de él con todas sus fuerzas.

—Espera, Gabriel... —dice en tono avergonzado—. No hagas caso de eso. Anda, dámelo. Es una tontería.

Pero a mí no me parece ninguna tontería. Siento un hormigueo desagradable en la nuca. Me quedo donde estoy, en el umbral del dormitorio, sin soltar ese fajo de papeles absurdo.

—Este artículo... —murmuro—. ¿Ese es el periodista que vino a la librería el primer día? ¿Invitaste a un diario amateur sobre galgos a mi Café de los Sábados? ¿Falsificaste el artículo y me enviaste una versión falsa? ¿Qué más has hecho, Klara? ¿En qué más me has mentido?

Klara no contesta. Justo entonces, la puerta del baño se abre al otro lado del corto pasillo, y sale una chica con un albornoz. Es Sophie, la francesa que vive con Klara. Me pareció oírla llegar anoche junto a la otra, bastante tarde.

—Hola, Sophie —digo secamente, deseando que se vaya para poder continuar—. Buenos días.

—¡Enhorabuena por el evento de ayer! —responde alegremente, sin notar la tensión en el ambiente—. ¡Fue fantástico! *¡Fantastique!*

—Gracias —respondemos los dos con tono cortante.

—Y gracias a ti por venir, claro —añado.

La chica se ríe y se sujeta la toalla del pelo.

—Nada —responde la francesa con ligereza—. Dáselas a Klara. Fue ella quien nos llamó a todos. Si no fuera por ella, que pensó en lo del café de los sábados y todo eso, nada habría sido igual.

Klara le sonríe, pero su mirada asesina está diciendo "Lárgate ya". Sin embargo, la chica continúa, ajena al malhumor de su amiga.

—¿Te acuerdas de la primera vez? —dice Sophie entre risas—. ¿Cuando fuiste a tu oficina y le pediste a todo el mundo que fuera en masa a tomar café gratis a la librería? Menudo cachondeo. ¡Pero funcionó! ¿Y cuando convenciste a aquellos estudiantes de periodismo de que el evento iba sobre galgos? Ja, ja. Vaya risa. Klara es super ingeniosa. Con ella, siempre nos lo pasamos genial. Se le ocurre cada cosa para salirse con la suya...

Mis ojos se ensanchan, y giro la cabeza lentamente hacia Klara, que se ha quedado inmóvil, como una estatua.

—¿Cómo? —digo, intentando contener la ira

que empieza a bullir dentro de mí—. ¿Me estás diciendo que... toda esa gente que vino... eran amigos tuyos? ¿Y también mentiste a los periodistas sobre la naturaleza del evento?

Klara da unos pasos atrás y se sienta al borde de la cama, sin mirarme a los ojos.

—Bueno... —dice en voz baja—. Eso fue solo el primer evento. Había que empezar por alguna parte. Me pediste que usara el boca a boca, y no me quedaban muchas opciones, con tan poco tiempo por delante, y sin que nadie te conociera...

—¿Boca a boca? —repito en voz baja, mientras la rabia crece. Mi voz empieza a temblar—. ¡Toda esa gente eran solo conocidos tuyos! ¡Y los periodistas, perdón, *estudiantes de periodismo*, ni siquiera sabían a dónde iban! Eso no eran clientes reales. ¡Me llenaste la librería de gente que vino engañada o por pena! ¡Y luego falsificaste el artículo de prensa para que yo pensara que tenía alguna posibilidad!

—¡No fue así, y no asistieron solo por pena! —replica Klara, aunque sus ojos delatan que quizás sí.

—Entonces por qué, ¿por las galletas? ¿Por el café gratis?

Klara guarda silencio, y la chica del albornoz se escurre en otra habitación, con cara de querer volverse invisible y tragarse todo lo que ha dicho.

—¡Tenía que hacer algo! —dice Klara, lanzando las manos al aire—. ¡No me dejaste hacer publicidad en línea, Gabriel! ¿Sabes lo difícil que es conseguir que la gente entre en una librería hoy en día? ¡Solo intentaba ayudarte, pero eres un cabezota anticuado!

—¿Ayudarme? ¿Cabezota anticuado? —escupo las palabras, ya sin poder controlarme. Siento cómo una oleada de calor me sube desde el pecho—. ¡Esto ha sido una farsa! Todo... fue una mentira. Sabes lo importante que es la honestidad para mí. He traicionado mis principios, y me has puesto en ridículo publicando fotos absurdas, contestando a entrevistas para periódicos que nadie lee. ¿Los de la tele también eran falsos? ¿Eran tus primos disfrazados? ¿O contrataste actores, solo para contentarme y conseguir tu maldito ascenso? No puedo creer que montaras todo este espectáculo solo para que dejase entrar al imbécil de las zanahorias en mi librería. ¡Es increíble hasta dónde eres capaz de llegar, Klara! ¡Yo confié en ti!

Klara responde algo, pero yo me alejo, sin escuchar su respuesta. Doy un portazo y bajo las escaleras de su piso casi corriendo, buscando desesperadamente la luz de la calle. Cada paso resuena con fuerza, como si estuviera dejando atrás algo que no puedo reparar. Me detengo un segundo, solo para escucharla gritar desde arriba:

—¡Gabriel, por favor! ¡Recuerda que el lunes que viene es la presentación del Vegano Cuántico! ¡No puedo fallarle a Cecilia!

Pero ya no la oigo. No quiero oírla.

Lanzo el periódico en una papelera y corro, sin saber siquiera hacia dónde.

***

La calle me recibe con un aire frío y cortante que me despeja un poco la cabeza, pero no lo suficiente. Camino sin rumbo, dejándome llevar por una marea de pensamientos funestos.

Todo lo ocurrido se repite en mi mente como un bucle, una y otra vez. La librería llena de gente... las risas, las charlas. Creí que todo eso había sido real. Creí que el boca a boca, el esfuerzo, el trabajo duro, la publicidad... estaban comenzando a dar sus frutos. Pero no... todo fue manipulado, forzado. No hubo magia, no hubo éxito alguno. Solo una red tejida de mentiras, una tela de araña de intereses, creada por Klara para salirse con la suya.

¿Cuánto más de mi vida habrá sido fabricado por Klara sin que me diera cuenta?

Todo lo que mi familia me enseñó, los valores, el honor, el no dejarse embaucar por el dinero fácil... Lo he traicionado todo, y ni siquiera me di cuenta. He traicionado lo que significa ser un Delmer, y me avergüenzo de mí mismo.

Me siento en un banco, respirando entrecortadamente como si hubiera corrido durante horas. Quizás lo he hecho, ni siquiera lo sé. Tengo que calmarme o me va a dar algo. Pero la confusión y el dolor no cesan.

El Vegano Cuántico, el café literario, los clientes que entraron en la librería... de pronto, todo cuadra. Todo fue cuidadosamente orquestado por Klara, con el único propósito de que su "plan" funcionara. Con la intención de convencerme de que mi librería recobraría la vida si hacía todo lo que ella quería.

Me mostró el dinero, las ventas, el éxito.

Y yo me dejé embaucar.

Lo peor de todo es que... me gustó.

Me gustaba ser el dueño de la librería de moda.

Pero era todo falso.

Fui famoso... en un diario amateur sobre galgos.

Con una librería llena de actores pagados, que nunca volverán a entrar a partir del próximo lunes, una vez que Klara y su maldito *influencer* se salgan con la suya.

Mi mirada se pierde en el pavimento.

Una parte de mí quiere razonar, encontrarle lógica a lo que ha hecho.

Pero otra parte, la más profunda, siente que he perdido algo más que la confianza en ella.

Me he dejado cegar por el éxito fácil.

He perdido el control de lo que creía que era mi vida, y me siento completamente engañado.

Mi teléfono vibra en el bolsillo: es un mensaje de Klara. Pero no lo abro. No quiero escucharla. No ahora. Es más: creo que voy a bloquearla. Necesito pensar.

Pienso en mi padre. En lo que diría si me viera en este estado. Siempre me hablaba de la importancia de la integridad, de hacer las cosas de la manera correcta, aunque fuera difícil. ¿He fallado en eso? ¿He caído tan bajo sin siquiera darme cuenta?

Mis manos tiemblan, y por un segundo, siento como si no tuviera un lugar donde ir. La librería, que siempre fue mi refugio, ahora parece una farsa. La persona en la que estaba empezando a confiar... me ha estado traicionando durante semanas.

No sé cómo voy a volver a entrar en esa librería. No sé si puedo.

Me levanto del banco y me acerco despacio al umbral, dudando. Hay una carta tirada en el escalón, con sello de Rusia, y me agacho a recogerla.

Yuri. Al menos me queda Yuri.

Yuri y Kafka, mis dos únicos compañeros fieles.

Abro el sobre con manos temblorosas, pero en él solo hay un código, y dos palabras en rojo, que dicen claramente:

«Jaque Mate.»

16

Klara

Gabriel ha salido corriendo y ni siquiera entiendo muy bien por qué. Vale, puede que lo de falsificar el artículo de los galgos no estuviera bien, y sí, invité a muchos amigos y conocidos a la librería cuando organizamos el primer café, pero... ¿es realmente para tanto?

Intento convencerme de que no lo es, pero en el fondo siento una punzada de culpa que no puedo ignorar. ¿Le he fallado? ¿Lo he obligado a faltar a sus principios? ¿Fue tan grave lo que hice, en serio?

Salgo a la calle, confundida, con la sensación de haber perdido algo importante sin saber siquiera cómo. Mis pies me llevan automáticamente al Carpi Café, el lugar donde siempre me aguarda el dulce consuelo de sus pastas recién hechas, el olor a canela y sus camareros sonrientes.

Al llegar, me encuentro con Amaya apoyada en la barra, con su café en una mano y su móvil en la otra. No hay ningún cliente a la vista, aparte de mí; todavía es muy pronto, y el local está tranquilo.

—¿Has visto a Gabriel? —le pregunto, sin rodeos.

Amaya levanta la vista, arquea una ceja y asiente despacio.

—Sí, ha pasado a por su café habitual hace cinco minutos, pero no estaba muy hablador. Parecía... de mal humor —dice, mientras remueve su bebida con la cucharilla—. Supongo que se habrá ido a la librería, como siempre.

De mal humor no suena muy bien.

—Vale, gracias, Amaya —respondo con un suspiro, decidiendo que necesito aclararlo todo—. Pónmelo para llevar, por favor.

Cuando llego a la Catedral Azul, no encuentro a nadie. El pequeño cartel de «Cerrado» cuelga en la entrada. Me quedo de pie frente a la puerta, observando los reflejos del sol naciente en las vidrieras, creando sombras en la brillante fachada azul, mientras trato de calmarme.

Pero la incertidumbre es insoportable. Necesito hacer algo, y rápido. Tengo que explicárselo. Necesito que me escuche.

Miro mi móvil, mis manos tiemblan un poco.

Le envío un mensaje a Gabriel, diciéndole que vuelva, que tenemos que hablar.

No lo lee, ni tampoco contesta.

Camino despacio hacia el trabajo, por pura inercia. Es como si los pies me llevaran solos allí, de tanto hacer el mismo recorrido cada día.

Reviso el móvil, como hago siempre cuando mi mente está medio ausente.

El primer email que veo es de Kieran:

De: *Kieran, el vegano cuántico*
Asunto: *Tu primer paso hacia la iluminación.*

En mi correo de hoy, te enseñaré a meditar mientras masticas zanahorias y otras técnicas avanzadas de supernutrición astral...

Se me escapa una risa de incredulidad, y lo borro sin leerlo. Pero luego dejo de reírme: este tipo es un farsante, y Gabriel lleva semanas diciéndomelo.

Pero ese email ni siquiera es el peor de todos.

Debajo hay catorce de Cecilia, que, como siempre, ha reenviado el mismo varias veces para llamar mi atención.

De: *Cecilia Quintero*
Asunto: *Código de vestimenta para la presentación de Kieran*

Klara, confírmame tu talla para el disfraz de zanahoria. Hay que encargarlos HOY.

Por Dios, ¿pero qué es esto?

Al leerlo, una epifanía me golpea: he estado trabajando contra mis principios, tratando de adaptarme a algo que no me representa. Lo que realmente se me da bien es organizar eventos y trabajar con autores que tengan algo que ofrecer, aunque sean desconocidos. Al igual que Gabriel, he permitido que el miedo a fallar me mantenga alejada de lo que realmente importa.

Llevo ya dos años en la editorial Papel

Reciclado. Y lo de Kieran, el "Vegano Cuántico", ha sido la gota que ha colmado el vaso, pero no es el primer autor así al que he soportado.

Sinceramente, si yo fuera Gabriel, tampoco querría presentar *El bosque de las zanahorias vibracionales* en mi librería.

Qué narices, tendrían que torturarme para que confesara que he leído ese título en mi blog de Klara Comelibros, y aun así no le daría ni cero estrellas.

No puedo seguir traicionándome a mí misma.

Tantas semanas con Gabriel, y ni siquiera he sido capaz de aprender la más básica de las lecciones.

Hay tanto que podría haber aprendido de él.

Lo primero de todo, contesto al email de Kieran: en este momento, me importa un bledo lo que piense Cecilia.

A ella no le contesto, porque ya son casi las ocho, y seguro que ya está en el trabajo.

Mejor se lo digo a la cara.

Me dirijo hacia la oficina de la editorial con paso decidido. Cuanto más me acerco, más comprendo que es algo que debería de haber hecho hace mucho tiempo.

Cuando llego, mi jefa está ahí, detrás de su escritorio, con la cabeza enterrada en unos papeles. La luz de la lámpara crea sombras frías sobre su rostro, acentuando su expresión siempre tensa y calculadora.

—Tengo que hablar contigo, Cecilia —le digo,

antes de que pueda decir nada.

Ella levanta la vista, sorprendida por mi tono.

—Buenos días —dice con ironía, mirando de arriba abajo la ropa deportiva con la que he salido a toda prisa de casa—. Eso que llevas te quedará bien debajo del disfraz de zanahoria, pero no es muy adecuado para la oficina.

—No pienso ponerme ningún disfraz de zanahoria —replico con voz firme—. Ni tampoco voy a hacer la presentación del Vegano Cuántico. Es más: no participaré en más proyectos que vayan contra mis principios. No corregiré, ni mucho menos promocionaré, más basura literaria. Y no te preocupes: ya he avisado a Paco. Digo, a *Kieran*.

Sus labios se curvan en una sonrisa irónica.

—Así que esto es una dimisión, supongo —dice suspirando, pero suena como si ya lo hubiese previsto.

Asiento, más firme de lo que esperaba sentirme.

—Lo es.

—Bueno, ya sabes lo que eso significa —su tono es seco—. Está difícil encontrar trabajo ahí fuera. Pero suerte con tu sueño, Klara.

Mis hombros se relajan con alivio. Siento como si me hubieran quitado un gran peso de encima.

—No pasa nada —le digo, ya casi sonriendo—. Encontraré otro trabajo, uno que realmente me haga sentir bien conmigo misma. Y, si no existe, lo crearé yo misma.

Ella me mira con desdén, como si fuera una niña que acaba de tomar una decisión impulsiva.

—Tú misma. Es una lástima, Klara. Tenías talento. Podrías haber llegado a ser editora jefe dentro de poco —me dice, tratando de provocarme, pero sus palabras ya no me afectan.

Salgo de su oficina y voy a mi mesa. De pronto, comprendo que me da igual Markus y sus oscuras predicciones: llegados a este punto, me importa un bledo todo eso, y la sensación es maravillosa.

Mientras estoy recogiendo mis cosas, llega mi compañera Paula.

—¿Qué ha pasado? —susurra sin que la jefa la vea—. ¿Qué has hecho?

—Me he hartado —contesto, decidida—. Eso es lo que ha pasado. Me he hartado de traicionarme a mí misma y trabajar solo por dinero en cosas que van contra mis principios. Quería ese ascenso, pero no a cualquier precio.

—Vaya. Pues... te echaré de menos —me dice, y me tiende su boli en forma de brócoli contento—. Toma, para que te acuerdes de mí.

Sonrío y lo meto en la caja. Luego le doy un beso.

—Siempre me acordaré de ti. Es más, cuando abra mi propia editorial serás la primera a quien llame para ayudarme.

Me tiende la mano muy seria.

—¿Trato? —dice.

—Trato —respondo sonriendo.

Antes de que me marche, Paula me llama y

dice con voz traviesa:

—Es genial que quieras establecerte por tu cuenta, pero no dejes de escribir tu blog de reseñas, por favor. Es mi preferido. Lo leo siempre.

Salgo de la oficina con la cabeza alta y el corazón ligero. El aire fresco de la calle me golpea la cara y, por primera vez en mucho tiempo, me siento completamente libre. Libre de las expectativas, de las mentiras que me he contado a mí misma para encajar en un mundo que nunca fue el mío.

Regreso despacio a la librería. Ahora sí, seguro que ya está abierta. Pero en vez de las luces cálidas y las estanterías de madera antigua, ahí sigue el cartel con la palabra «Cerrado». A esta hora, Gabriel debería estar ahí, tras el mostrador, con Kafka sobre el hombro. Pero no está, ni tampoco contesta a mis mensajes.

Está bien.

Me siento hundida, pero tengo que empezar a organizar mi vida desde cero, y cuanto antes.

17

Gabriel

Abro los ojos y, durante un par de segundos, no recuerdo dónde estoy. Las paredes están forradas con tablones de madera oscura y carcomida, y a la lámpara del techo le faltan la mitad de bombillas. Un gallo canta a lo lejos, y un olor a chimenea y a campos escarchados entra por la ventana.

Kafka salta sobre mi pecho y me mordisquea el cuello del pijama. Intento acariciarlo, pero se aparta y desaparece en un rincón de esta habitación que no es mía. Lleva dos semanas bastante arisco, y sospecho que está enfadado conmigo.

El teléfono, sobre la mesilla, muestra decenas de llamadas y mensajes que llevo días ignorando. Lo giro un par de veces para conseguir una línea de cobertura, y así compruebo que las cinco últimas son del agente inmobiliario. Seguro que quiere que vuelva a Barcelona para ponernos de acuerdo acerca de lo de la venta de la librería. Y no lo culpo: fui yo quien lo llamó hace días, en un arrebato de mal humor y después de pasar el día entero junto a José Luis, que vive en este mismo pueblo donde ahora me alojo.

Dos semanas en una diminuta aldea

aragonesa le dan a uno bastante tiempo para pensar en muchas cosas. El problema es que mis pensamientos van y vienen, y no acabo de decidirme por ninguna de las opciones. Un día quiero vender La Catedral Azul y olvidarme de todo. Al otro me digo que regresaré, y que debería llamar a Klara, disculparme por mi comportamiento impulsivo y resolver las cosas de manera civilizada. Pero a cada día que pasa, volver a mi vida de antes parece más y más difícil.

El teléfono vibra de nuevo, pero esta vez no es el agente inmobiliario. Es José Luis. Se casa hoy en la iglesia del pueblo; esa fue la excusa con la que huí a toda prisa de Barcelona. En vez de hacer preguntas, mi primo se limitó a acogerme con la típica hospitalidad de la zona. Hasta me prestó la casa de su difunta tía durante dos semanas, y se encargó de que la vecina me trajera embutidos y verduras de su huerto cada mañana.

—Considérate afortunado, primo —me dice por teléfono, con su típico tono campechano—. ¡Eres el primero al que llamo esta mañana! Incluso antes que a la novia.

—¿A qué debo el honor? —pregunto frotándome los ojos. Apenas son las ocho, así que tampoco me extraña que no haya tenido tiempo de hablar con mucha gente todavía.

—Pues me gustaría poder decir que te llamo porque me caes bien, pero, en realidad, es porque eres el único habitante de este pueblo que sabe hacer el nudo de una corbata como debe ser —responde.

Me dan ganas de puntualizar que no soy

habitante del pueblo, pero entonces me acuerdo de que ayer mismo estaba decidido a vender la librería y quedarme a vivir aquí, en casa de la tía Pilarica. Ya tenía un plan para criar ovejas, conejos y gallinas, y pasar el resto de mi vida respirando aire puro en soledad y contemplación ascética.

Así que no digo nada.

Me presento en casa de José Luis y le hago el dichoso nudo de la corbata. De paso me hago el mío, y al mirarme al espejo me asusto un poco: estoy pálido, las gafas parecen más grandes que antes y tengo unas ojeras que parecen manchas de tinta.

Mientras el novio termina de arreglarse, los amigos de José Luis ríen, comparten cervezas, comentan el partido de ayer y cuentan chistes a los que no les encuentro la gracia. Vale, a lo mejor me siento un poco fuera de lugar entre ellos. Nunca me interesó el fútbol, y cuando traté de hablar de libros con ellos, anoche en el bar, no sé qué pasó, pero fueron saliendo uno por uno a fumar, y eso que hacía dos grados bajo cero en la calle, y que algunos jamás habían fumado hasta entonces. No sé, sospecho que no les caigo bien del todo, y que Joselu me aguanta solo porque soy de la familia.

Me llevo el vaso de cerveza a un rincón y me siento en una butaca. No hay muchos libros en la salita de mi tía, pero encuentro una novelita romántica, de esas de a doscientas pesetas, y me pongo a hojearla con nostalgia hasta que el vocerío se traslada a la puerta, y no tengo más remedio que unirme a la alegre comitiva que se dirige hacia la única iglesia del pueblo.

Mi mente divaga durante la misa, que se alarga demasiado para que pueda seguir el hilo. Las bóvedas de piedra y los vitrales me recuerdan a mi librería, y los sentimientos encontrados me torturan.

Por si fuera poco, al salir, una paloma con diarrea se desfoga sobre mi americana, y la gente a mi alrededor ríe y aplaude.

—¡Eso trae buena suerte! —me dice una señora con bastón a la que no he visto en mi vida.

Alguien me tiende un pañuelo y comienzo a frotarme la solapa, deseoso de que la maldita fiesta acabe y pueda regresar a mi guarida en casa de la tía Pilarica, aunque también consciente de que, una vez pase la boda, ya no tendré ninguna excusa para permanecer por más tiempo en este pueblo. Ninguna, aparte de convertirme en el nuevo vecino de la localidad. Me siento ante una encrucijada, y esta presión no me gusta nada.

—¡Que vivan los novios!

Una lluvia de arroz interrumpe mis pensamientos, sobre todo cuando un grano me da en el ojo. En serio, hoy no es mi día. Qué ganas tengo de volver a estar solo, sin nadie que me pregunte a qué me dedico en Barcelona, y por qué he venido sin pareja a la boda.

Me froto los ojos, dolorido, y cuando dejo de ver borroso, los novios se están besando a tan solo dos pasos. Se los ve tan felices que, por un momento, se me pasa el mal humor, aunque luego suelto un gruñido.

Mi mente traicionera no para de decirme que yo también podría tener algo así con Klara, si no lo hubiera echado por tierra sin más; si no me hubiera marchado sin aclarar las cosas, como el estúpido cobarde que soy.

Una mujer de pelo ondulado está de espaldas, y el sol destella con reflejos dorados cuando sacude su melena. Por detrás, se parece mucho a Klara. Seguramente la he estado observando fijamente, porque se da la vuelta y viene hacia mí con una sonrisa.

Es guapa, pero no es Klara.

Me tiende la mano, y no tengo más remedio que fingir que estoy encantado de estar ahí.

—María —se presenta, y luego me señala—. Y tú debes de ser el primo de Barcelona, ¿no? —Asiento, y ella prosigue—. Soy la hermana de Ángela, la novia. Me ha hablado mucho de ti.

Solo con escuchar el tono con el que lo dice, ya sé que no le han contado ninguna maravilla sobre mi persona. Respondo con una sonrisa circunstancial, sin hacer más preguntas.

—Encantado.

—Me han dicho que vives con una conejita —dice ella con aire travieso—. ¿Es cierto?

Suspiro.

—No es una coneja, es un...

—¡Por favor, Gabriel! —José Luis aparece por detrás y me pasa el brazo por encima de los hombros—. Todos nos hemos dado cuenta menos tú. ¿Cómo puedes estar tan ciego?

Parpadeo y miro de nuevo a mi primo, el flamante novio y estrella del día.

Y entonces lo entiendo todo.

18

Klara

Hace dos semanas que no sé nada de Gabriel y, para ser sincera, a estas alturas ya no tengo gran esperanza de que responda a mis mensajes. Es más; si lo hiciera, no estoy segura de cómo reaccionaría. Quizás lo mandase a paseo. No lo sé.

Hace unos días apareció sobre la fachada de La Catedral Azul un cartel enorme de «Se vende». Cada vez que lo veo se me parte el alma, y justo por eso evito pasar por delante de la librería. Sigo siendo cliente habitual del Carpi Café, pero ahora doy un rodeo adrede, para no ver los escaparates oscuros y carentes de vida de aquel lugar al que tanto cariño llegué a tomarle.

Pero esta mañana la tentación me puede. Me digo que solo voy a echar un vistazo rápido. Solo para asegurarme de que la librería no tiene un nuevo dueño. Ojalá pudiera permitírmelo: la compraría yo misma. Ese sitio tiene tanto potencial...

Pero también demasiados recuerdos.

Doy la vuelta a la esquina, sumida en mis pensamientos y, contra todo pronóstico, me choco con Gabriel. ¿Gabriel? ¿Es él? Es Gabriel en persona, y no una alucinación. Lo sé porque aún me duele el hombro por el choque, y a él creo que también, a juzgar por la cara que pone.

—¡Gabriel! —exclamo, sorprendida de verlo justo en ese momento.

Gabriel está ahí, frente a mí, con un libro en las manos y respirando con fuerza, como si hubiera corrido para alcanzarme. Me mira con esos ojos intensos, llenos de determinación, y se sube las gafas con el dedo índice, como hace siempre.

—Iba al Carpi Café —me dice con voz queda—. A buscarte. Me dijeron que seguías yendo.

—¿A buscarme? —repito sin entender nada. Llevas días sin contestar mis mensajes. ¿A qué viene esto ahora?

—Toma, es para ti —me dice, tendiéndome el libro.

Lo agarro con cuidado, sin entender nada de lo que está pasando.

—¿La metamorfosis de Kafka?

—Encontré tu blog. Me lo dijo Ruth —dice, respirando con dificultad—. Y tienes razón. No es Kafka. Es Kafkalina. Siempre lo fue. Siempre tuviste razón en todo.

—Gabriel...

Siento que los ojos se me humedecen al ver cómo me mira: con humildad, con sinceridad, con...

Con amor.

Abro la portada y veo que en la primera página hay algo escrito en letras grandes, de su puño y letra:

«La metamorfosis de Kafkalina.

De cómo un conejo que resultó ser coneja me enseñó que, a veces, lo más evidente es lo que más ignoramos.

De cómo me ayudaste a darme cuenta de que estaba luchando contra molinos de viento, y de que lo que en realidad necesitaba no era seguir haciendo lo mismo que no funcionaba, sino abrir los ojos y aceptar que el mundo cambia, y debemos cambiar con él.

Gracias por mostrarme lo que realmente importa, que eres tú.

Te quiero, Klara.
¿Quieres ser mi jefa de marketing?»

Levanto la vista del libro, boquiabierta.

Él sonríe, pasando el peso de un pie a otro con nerviosismo.

—No es mi mejor escrito. Pero estaba un poco nervioso... confundido... ¿Me entiendes?

—¿Lo dices en serio? —le pregunto, con el corazón ocupando cada vez más espacio en mi pecho.

—Es lo que siento —me dice, con la vista fija en el suelo—. Me he dado cuenta de que no me importa lo del artículo falso, ni que llenaras la librería de amigos tuyos y fingieras que eran clientes.

Entiendo por qué lo hiciste. No te dejé otra opción. Y, además, funcionó.

Asiento, y abrazo el libro contra mi pecho, demasiado emocionada para contestar.

—Lo que realmente importa es que tú creíste en mí cuando yo no lo hacía —continúa—, que moviste cielo y tierra por algo en lo que ambos creemos. Y quiero que seas parte de esto. No solo de la librería, sino... de mi vida. La Catedral Azul nunca será la misma sin ti. Y... —Traga saliva, y se le escapa una risita nerviosa—. Y creo que Kafkalina te echaría demasiado de menos si te fueras. Podría darle otra crisis de ansiedad, ¿sabes? Como cuando comió chocolate. O sea, realmente no lo hizo, pero...

Esboza una sonrisa triste, esperando mi reacción. Las palabras de Gabriel han hecho que el mundo a mi alrededor se desvanezca. Quiero reír y llorar a la vez. Lo abrazo, con el libro aún en la mano.

Es un abrazo de tres: él, yo, y nuestros libros.

Todo lo que amo está incluido en ese abrazo.

—He dejado el trabajo —le digo entre sollozos, y siento cómo su cuerpo se tensa. Me mira con extrañeza, como si me hubiera vuelto loca—. Fue hace un par de semanas, cuando te marchaste. Voy a abrir mi propia agencia... tú me inspiraste a hacerlo. Trabajaremos juntos, Gabriel. Viviremos de esto, rodeados solo de libros que valgan la pena, porque la vida es demasiado corta para leer libros malos y para hacer cosas que odiamos de ocho a cinco.

Me atrae hacia sí y me besa, mientras la gente sigue pasando por la acera, aunque nosotros ya no los vemos.

El tráfico matinal de Barcelona sigue su curso, y quizás para los demás este día sea igual que los otros.

Pero, para nosotros, es una página en blanco.

Hoy, todo ha cambiado.

Y, a partir de este instante, todo va a ser mejor.

Epílogo

Klara

Un año y medio después.

La pequeña editorial que he montado está funcionando genial. Con la ayuda de Gabriel, busco autores noveles con talento, y he montado una red fabulosa de libreros que me ayudan con los eventos culturales. Cada día me levanto de la cama energizada, deseosa de descubrir las nuevas oportunidades que nos esperan. Las redes de Gabriel funcionan de maravilla, mi post sobre La Catedral Azul se hizo viral, y sus ideas creativas y su inteligencia han hecho que la librería brille como nunca en su historia centenaria.

—Mira esto, Klara —me dice Gabriel, mostrando la pantalla de su portátil nuevo con entusiasmo—. El evento de junio está arrasando en redes. Tenemos todos los estands reservados, hay hasta lista de espera, y aún faltan casi dos meses. ¿Te das cuenta de lo lejos que hemos llegado?

Asiento, sintiendo una mezcla de orgullo y felicidad. Entran dos señoras y se ponen a mirar el expositor de *Más Vendidos*, y me digo que, ahora sí, tenemos una lista de bestsellers de verdad, no como antes. La gente viene a propósito en busca de títulos que los sorprendan y los enamoren, porque están cansados de leer siempre lo mismo y de ver siempre las mismas portadas en las otras librerías.

La Catedral Azul se ha puesto de moda.

Pero esta librería no solo es nuestro lugar de trabajo: también se ha convertido en nuestro hogar.

Con lo que ganamos con las ventas, nos hemos podido permitir renovar el altillo, que tiene muchísimas ventanas, y crear ahí nuestro propio apartamento en pleno centro de Barcelona. Por las mañanas, la luz del sol entra a raudales, iluminando nuestro nuevo refugio, al que se accede desde la tienda por una preciosa escalera de caracol con barandilla de madera tallada.

—¿Quién diría que una librería polvorienta y un taparrabos cósmico nos llevarían hasta aquí? —bromeo, recordando los días de incertidumbre, ahora tan lejanos.

—Es la magia de los libros —responde Gabriel, guiñándome un ojo—. En las novelas, todo es posible. Y, como puedes ver, aquí tenemos muchas.

Nos reímos juntos, disfrutando del ambiente cálido y acogedor que hemos creado. De pronto, el sonido de la puerta abriéndose nos interrumpe: otra clienta. Ahora entran muchas cada día.

—Esta te la dejo a ti —dice Gabriel—. Tiene cara de extranjera y a ti se te da mejor el inglés.

Me acerco a la recién llegada, de aspecto elegante y sofisticado.

—Hola —me saluda en perfecto castellano—. Así que esta es la famosa librería alternativa de

Barcelona. Me envió la chica de la cafetería, Amaya. Necesito un libro para un regalo.

Sonrío y asiento.

—En ese caso, estás en el lugar adecuado. ¿Llevabas algo en mente?

—¿Tenéis algo sobre Gaudí? ¿Sobre leyendas antiguas de la ciudad?

—¡Desde luego! Ven. Ese es el pasillo de arte y arquitectura, ahí encontrarás muchos sobre Gaudí.

—Por cierto, soy Emma —me dice la recién llegada, tendiéndome la mano—. Trabajo aquí cerca. Ahora que os he descubierto, seguro que volveré más veces. Este sitio es encantador.

—Gracias, Emma —le digo, sonriendo.

Emma no lo sabe, pero yo sé muchas cosas sobre ella. Sé que es arquitecta, y que hace poco que llegó a la ciudad. Y también sé que el otro camarero, Lucas, está coladito por ella, aunque ella no se ha dado cuenta todavía. Lo sé todo porque me lo cuenta Amaya cuando voy a tomar café. Seguro que la ha enviado aquí por eso, para que pueda conocerla por fin.

Mientras la arquitecta rebusca en las estanterías, Gabriel se me acerca con un libro en la mano.

—¿República Checa? —digo, agachándome para leer lo que pone en el lomo del enorme libro.

—Quería proponerte una aventura —dice con tono misterioso—. ¿Qué te parece si planeamos un viaje literario por Europa?

Levanta una ceja, intrigada.

—¿Un tour literario? ¡Me encantaría! Pero...

¿Qué hacemos con Kafkalina?

—Creo que debería venir. Me gustaría enseñarle el Museo de Kafka —contesta con tono jocoso—. O se la dejamos a Amaya. Seguro que la cuidaría bien. ¿Te imaginas? Podríamos ir en tren y visitar librerías por toda Europa. Librerías en catedrales, que dijiste que hay muchas. Sería un fantástico recorrido literario... y sacaríamos un montón de fotos para Instagram.

Se me escapa una risotada.

—¡Quién te ha visto y quién te ve! —comento abrazándolo—. Claro que sí, mi amor. Me parece una idea brillante.

Nos besamos entre nuestros libros, disfrutando del presente y soñando con nuevas aventuras, personales y literarias.

Doy gracias a la vida por este gran libro abierto que es el mundo, y me muero de ganas por escribir junto a Gabriel la próxima página.

¡No te pierdas la próxima aventura
del Carpi Café!

Amor en construcción

Emma es una joven y ambiciosa arquitecta recién llegada de Londres a Barcelona. Lucas, aparte de ser camarero en el Carpi Café, es un cantautor que lucha por ser escuchado.

Cuando la única forma de que Emma herede la masía de sus sueños es casarse en menos de tres meses, Lucas se convierte de improviso en su socio para un matrimonio provisional y de conveniencia... que podría convertirse en *algo más*.

¿Lograrán construir un amor verdadero en medio de tantas complicaciones?

La serie continúa con **Amor en Construcción**, una novela llena de malentendidos cómicos donde la química entre Emma y Lucas se va construyendo poco a poco... y ladrillo a ladrillo.

Pasa las páginas para leer el primer capítulo, o hazte con tu copia de *Amor en construcción* aquí:

https://mybook.to/amorenconstruccion

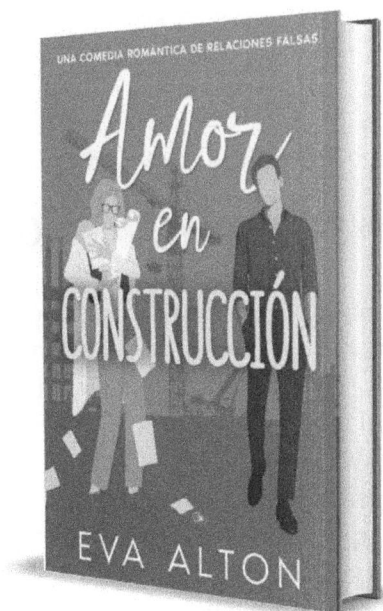

HISTORIAS DE AMOR Y CAFÉ – LIBRO 2

Lee el Primer Capítulo Gratis

Amor en construcción

Me llamo Emma Soler y llevo un ladrillo en el bolso. Y no, no es para apartar a esa señora con un gato que me obstruye el paso en este momento, ni para reconstruir el tenebroso agujero que decora la pared del rellano. Mi ladrillo es mi aliado, y un símbolo de mi lucha constante por escalar en un mundo profesional que, seamos honestos, todavía está gobernado por hombres.

Sí, esta tarde me he subido a un ladrillo para parecer más alta mientras daba una presentación en la oficina. Y, sinceramente, ¿quién puede culparme? Al menos no persigo a la gente con una cafetera en la mano, como está haciendo en este mismo instante mi vecina doña Montse. Esta mujer me saca de quicio, sobre todo cuando se planta frente a la puerta del ascensor, bloqueándome el paso con su excusa habitual de entregarme mis paquetes, mientras su gato, ese pequeño terrorista peludo, decide enredarse entre mis pies y la ayuda a interceptarme el paso.

Doña Montse me está mirando fijamente. En

una mano, sujeta ese café con la firmeza de quien sostiene el destino de toda una nación, y en la otra, una tacita de vidrio marrón, tan antigua que debería estar en un museo, y no en este polvoriento bloque de apartamentos en el centro de Barcelona.

He subido a casa después de la reunión con Derek Navarro, mi jefe, solo para quitarme los tacones. El dolor de pies me estaba matando, pero la última cosa que necesito es que mis compañeros de trabajo se den cuenta de lo bajita que soy. Ergo, la necesidad del ladrillo. Mi estatura me quita autoridad, y eso es un problema porque trabajo en el mundo de la arquitectura y la construcción. Muchos, al verme, piensan que me dedico a elegir colores de pintura y a buscar figurillas decorativas: es lo que pasa cuando tienes la altura de una niña de trece años. Pero, en realidad, soy la persona que decide dónde irán las vigas de carga; esas que sostendrán las estructuras fálicas que ciertos tipos millonarios se dedican a sí mismos. Y sí: ya he escuchado todas las bromas sobre "vigas" habidas y por haber. Si vas a hacer una, por lo menos que sea original.

Agazapada tras mi bolso de diseño, observo el estrecho espacio que queda entre doña Montse y la puerta del ascensor. Calculo que habrá unos cincuenta centímetros. Cincuenta y medio. Si paso corriendo de lado, quizás pueda lanzarme dentro antes de que se cierre la puerta.

—Deberías dejar de alisarte el pelo —me dice doña Montse mientras llena la taza, salpicando un poco las paredes amarillentas del rellano—. Te quedaría mejor natural.

La miro con una ceja arqueada. Ese comentario no es inocente; seguro que ha estado abriendo mis paquetes otra vez. He pedido una plancha de pelo, y la muy granuja lo sabe.

—Gracias, doña Montse, pero a mí me gusta más así.

En el mundo profesional, hay que tener el pelo liso. No solo liso: estirado. Tanto como mi carácter en las reuniones con los clientes.

—¿En serio te ves mejor así? —dice, como si le diera pena, y se atusa los rulos de plástico rosa.

—Voy a llegar tarde —replico, tratando de empujarla a un lado sin que se le caiga el café por encima—. Tengo una reunión.

Son las ocho de la tarde, y me mira como si le mintiese. Quizás le haya mentido un poco, porque la reunión que tengo es conmigo misma: tras hablar con el jefe de proyecto, le he prometido hacer todos los cambios necesarios a los planos del auditorio y entregárselos a la mañana siguiente. Porque tardar dos días es de perdedores. Y de bajitos.

—Deberías trabajar menos —insiste—. Te van a salir arrugas. ¿Por qué no pasas y cenas conmigo? Voy a hacer pechugas rebozadas. Y dan una serie muy buena. Romántica.

Justo lo que me faltaba.

Exhalo, desesperada, y agarro la tacita de café mientras planeo mi huida. Engullo la bebida de un sorbo, quemándome el esófago, y luego le devuelvo la taza (o más bien, se la lanzo).

Doña Montse la recoge y yo aprovecho su distracción para lanzarme al ascensor, apretando el botón de la planta baja con los planos bien sujetos contra el pecho. La sensación de mis pies en las bailarinas, libres de los malditos tacones, es como si flotara.

Saco el móvil para anotar que tengo que llamar al podólogo otra vez. Al hacerlo, veo que tengo siete mensajes. Seis son de Derek, mi jefe, básicamente insultándome y preguntando cuándo voy a tener listos los planos del concurso con los cambios que discutimos en la reunión de esta tarde. Sigue en el despacho, y no tengo ganas de verle.

Iré un rato al Carpi Café, y mientras tanto seguro que se marcha. Es un local muy mono, justo a medio camino entre mi apartamento y la oficina, y su café es mucho mejor que el de doña Montse.

Después volveré a la oficina, pediré comida china y seguiré trabajando en los planos hasta que los termine.

Esta es mi vida, y me encanta.

El séptimo mensaje es de Caterina, mi mejor amiga. Es mi mejor amiga porque vive en Londres, lo que significa que no tenemos que vernos nunca. Si viviera en Barcelona, como yo, ya no seríamos amigas. La gente que vive en tu misma ciudad espera que quedes con ellos en persona, y si no lo haces, te niegan la amistad después de un par de intentos fallidos.

Esa es una de las ventajas de haber dejado Londres. Eso y que aquí casi nunca necesito el paraguas. Y la verdad, no hay nada que arruine más un look que un paraguas, ni nada que estropee más un alisado que la lluvia.

Otro mensaje es de mi exnovio, Trevor. Trevor sigue en Londres, y esa es una de las razones por las que no quiero volver allí. Trevor quería una casa, cinco perros y tres niños. Yo quería muchas casas, un estanque con carpas y ningún niño. Tuvimos un cisma de elecciones vitales, y por eso tuve que marcharme.

Me acerco a la cola del Carpi Café, todavía mirando el móvil. Ni siquiera me fijo en quién me atiende, pero pido lo de siempre.

—Un espresso doble con leche desnatada y stevia, por favor —digo, antes de apartarme al otro lado de la barra, donde uno de los empleados me entregará mi pedido.

Alguno de los baristas canta mientras la cafetera saca vapor como una locomotora. Mientras tanto, empiezo a contestar emails. El ingeniero de estructuras, como siempre, está intentando amargarme la vida diciendo que mis planos no son realistas.

«Pues hazlos realidad», le contesto tajante.

No es mi problema si sus vigas no permiten voladizos de más de seis metros. Su trabajo es materializar lo que yo dibujo. Yo bastante hago peleándome con los clientes cada día, cara a cara, mientras él solo hace sumas y multiplicaciones.

—¿Emma? —dice una voz, y levanto la mano.

Alguien planta un café delante de mí. Lo cojo sin girarme y me voy corriendo a la mesa del rincón. Es mi favorita, y por suerte aún está libre. Saco una toallita hidroalcohólica y desinfecto la mesa con precisión, asegurándome de que no quede ni una sola miga, ni una sola gota de café, ni rastro alguno de las huellas dactilares del último cliente que pasó por aquí. Entonces extiendo los planos.

Llevo dos días casi sin dormir, pero me alegra comprobar que todavía soy capaz de leer la leyenda de los planos, aunque esté escrita en letra Arial 6 (para los no iniciados, eso es bastante pequeño). Coloco el café a un lado, a unos quince centímetros del borde del plano, y al hacerlo, me doy cuenta de que hay una frase escrita en el vaso, justo debajo de mi nombre.

> *«Lo importante en la vida no es el destino, sino las curvas del camino.»*

Sonrío por un segundo, aunque en cuanto me doy cuenta me encojo de hombros y disimulo; podría haber alguien de la empresa en la cafetería y van a pensar que estoy mal de la cabeza. No sé quién se dedica a escribir estas frases cursis en mis vasos, pero desde luego debe de tener mucho tiempo libre si le da para escribir poesías a los clientes, además de hacer cafés. Yo, desde luego, no tengo tiempo para escribir poesías por detrás de los planos.

Saco un escalímetro de metal, de esos de los viejos tiempos, y me pongo a repasar las medidas del auditorio. Tenemos que ganar este concurso, sea como sea. No solo porque Derek me matará si no lo hacemos, sino también porque me han prometido que, si lo conseguimos, seré la directora del próximo proyecto, que va a ser todavía mejor que este. Y entonces se acabará eso de ser una arquitecta junior pringada, de esas que se quedan hasta las tres de la madrugada los domingos terminando planos para concursos. No: cuando eso ocurra, yo seré la jefa y podré quedarme hasta las *seis* de la mañana del día siguiente, revisando lo que han hecho los pringados de los arquitectos juniors.

Pensar en eso me da mucha alegría, como también la idea de la casa que algún día construiré para mí misma, cuando sea la jefa de mi propio despacho. Claro que eso está muy lejos, y pasa por terminar este plano que tengo delante.

Uno de los camareros pasa por al lado de mi mesa. Tiene buen tipo, o al menos tiene buen culo, según lo veo por detrás, que es lo único que puedo ver de reojo. Se pasa la mano por el cabello despeinado y observo su camisa, a medio planchar, que grita a los cuatro vientos su alergia a los formalismos (y a las planchas).

Sigo trabajando, comienzo a medir el parking y compruebo que el radio de giro no cuadra. Un todoterreno de los grandes, como el de Derek, no pasa por ahí ni de casualidad. ¡Maldita sea, Mario! No puedo fiarme de él para nada. Mario es un Erasmus que me han endosado supuestamente para ayudarme, aunque yo creo que es un plan oscuro de Derek para que nunca me asciendan a jefa de proyecto, porque todo lo que hace ese chico termina estando mal. Y eso que le he dicho que se lea el *Neufert*, que es como la Biblia de los arquitectos y contiene las medidas de todas las cosas. También las de los todoterrenos de los jefes.

Por la ventana veo a una señora que se parece

mucho a doña Montse. Va caminando con su bolsito, cogida del brazo de otra señora exactamente igual que ella, con el pelo cortado igual y una faldita por la rodilla. En ese momento, veo acercarse a un hombre en patinete con el brazo extendido, y siento como si, por primera vez en mi vida, fuera capaz de ver el futuro. El hombre estira el brazo y se acerca a la señora sin que esta se dé cuenta, desde atrás. Yo, desde el cristal, observo la escena, petrificada. Me levanto, grito, aporreo el cristal:

—¡Señora, cuidado! ¡Le van a robar el...!

Pero antes de que termine la frase, el carterista ya se ha ido con su bolso, y la señora se ha caído al suelo. Salgo corriendo de la cafetería y al hacerlo, golpeo algo al pasar, pero estoy mirando a la señora y no le presto atención. Me arrodillo en la acera junto a ella y se me rompen las medias.

—Señora, ¿está usted bien?

La señora me mira, asustada. Un señor que pasaba va a buscar a algún policía, mientras otro se ofrece a llamar a una ambulancia, aunque la señora les asegura que no hace falta. Dice que está bien y que no le ha pasado nada, pero me siento mal por ella y la ayudo a levantarse.

—Debería llevarla al hospital, que la revisen —le digo.

Ella niega con la cabeza. Vuelve a aparecer el otro hombre con un policía, que me pide mis datos. Le entrego el pasaporte y la tarjeta de residencia.

—¿Inglesa? —dice sorprendido.

—Solo un poco —replico.

—Pues tienes cara de inglesa —dice una de

las señoras, y alarga la mano para tocarme la melena—. Por cierto, ¿te tintas el pelo? Lo tienes muy crespo.

Por todos los diablos, ¿esto es un complot contra mi pelo o qué?

—Tienen que revisar la cámara de seguridad de la plaza, ahí debería verse bien al ladrón —le digo al policía, apartando la mano de la señora con disimulo.

—Déjelo en nuestras manos, señorita —me dice el policía con una sonrisa condescendiente—. Sabemos hacer nuestro trabajo. Puede irse a casa.

Miro la hora; no son ni las nueve. ¿A casa? ¿Pero qué dice?

—Si me necesitan, estaré ahí dentro, en la cafetería —les digo a las señoras—. ¿Las invito a tomar algo? Así se reponen del susto.

—No, hija, tranquila, estamos bien — responde la del bolso, asintiendo con una sonrisa amable.

Asiento y en el fondo me alegro de que hayan declinado mi oferta, porque tengo mucho trabajo.

Vuelvo a la mesa de la esquina, y es entonces cuando descubro el horror de los horrores.

No me lo puedo creer.

En mi salida a toda prisa, he derramado el café sobre los planos, y ahora hay una mancha enorme cubriendo la mitad del papel. La tinta se ha corrido por toda la parte oeste del auditorio, borrando las anotaciones de Derek. En esa zona construiremos la sala de exposiciones: un cubo perfecto de acero y cristal con un techo de casi diez metros de altura, cubierto de placas de acero cortén.

Los chorretones de café con leche gotean por el borde de la mesa, creando un charco marrón a mis pies. Me habría gustado gritar, pero no quiero que el resto de los clientes del Carpi Café piensen que estoy loca, así que me trago las lágrimas y saco otra vez el paquete de toallitas hidroalcohólicas.

Un aroma a bergamota llena el aire, y en ese momento, alguien me da un golpecito en el hombro.

Quizá sea porque tengo los ojos llenos de lágrimas y lo estoy viendo borroso, o porque la cafeína está empezando a provocarme alucinaciones, pero en ese momento me parece que es el hombre más atractivo que he visto en mi vida. Me sorbo los mocos, intentando no parecer tan patética, y pongo la espalda recta.

—Vaya estropicio, ¿qué te ha pasado? —me dice el hombre, y se agacha para limpiar la mesa con una bayeta—. ¿Te ayudo?

No puedo contestar. Estoy todavía mordiéndome el labio para no llorar, porque este derrame supone que no me voy a acostar a las tres de la mañana, como planeaba, sino que, con suerte, acabaré a las ocho de la mañana del día siguiente, justo a tiempo para entregar esta fase del proyecto a Derek. Eso serán tres noches sin dormir. No me extraña que empiece a tener alucinaciones.

El chico sigue limpiando, ajeno a mis pensamientos fatalistas, mientras yo observo cómo la camisa negra se tensa y enmarca sus anchas espaldas. Ojalá yo también pudiera disolverme y chorrear en un charco hasta el suelo. Porque es posible que Derek me mate mañana si no le llevo los planos terminados, y estoy empezando a dudar de mi capacidad de hacerlo.

—Fue un detalle por tu parte salir a ayudar a las señoras —dice.

Entonces reparo en sus ojos. Son verdes, de un tono tan fulgurante que es casi mágico, inhumano. Nunca he visto ojos así... ¿llevará lentillas?

Me doy cuenta de que el chico sigue hablando y ni siquiera sé lo que me ha dicho.

Se pone el pelo ondulado detrás de la oreja, despeinándolo un poco más de lo que ya estaba, y se queda mirando mis planos con el ceño fruncido.

—¿Qué estás dibujando? —me pregunta, señalando las líneas emborronadas.

—Nada —le respondo, dejándome caer en la butaca—. Es para el trabajo.

—"Auditorio Clara Beltrán" —lee el título con aire soñador—. Una grande, sí señor.

—¿La conoces? —pregunto, sorprendida.

Llevo meses planeando este edificio, pero jamás me he parado a pensar en quién es la persona a la que será dedicado.

—Pues claro. —Me mira como si fuera un alien—. ¡Fue una de las mejores compositoras de este país! Aunque, sinceramente, no sé si le habría gustado... *esto*. —Señala un pequeño render a un lado, que muestra una imagen de realidad virtual con el edificio terminado—. Es todo muy... recto. Muy frío. No se parece en nada a la música que ella componía.

Le dedico una sonrisa tensa, a ver si se va. Pero no. Insiste.

—No te enfades, pero esa mancha queda bien y todo.

Me está empezando a sacar de quicio. Pasa el dedo por el borde de la mancha marrón, acariciando el papel húmedo casi con ternura.

—Casi diría que la mancha mejora el diseño, en serio. —Se ríe, y su risa es de esas que se contagian. A los demás, porque yo no hago eso—. ¿Te imaginas? —continúa, cada vez con aire más soñador—. Un auditorio así. ¡Justo así! Con los bordes irregulares, sin una forma geométrica definida. Un espacio orgánico, rugoso, como si lo hubiera creado la mismísima naturaleza.

Alza el rostro y sonríe abiertamente. Sus labios son rosados y parecen increíblemente suaves, y tengo que apartar la vista porque si sigo mirándolo se me va a olvidar de qué estábamos hablando, y qué quería Derek que cambiase. Suelto una risa forzada.

—Vale. Probaré a tirarle el café por la mesa a mi jefe, a ver qué dice.

—A veces hay que probar cosas nuevas —dice con los ojos entrecerrados, y suena un poco como si se me estuviera insinuando—. ¿Alguna vez has hecho alguna locura? Algo arriesgado. Algo que nadie se atrevería a hacer.

Me quedo paralizada un instante, sin saber qué decir. Ayer me tomé el café con azúcar en vez de Stevia. ¿Eso cuenta?

—Bueno, tengo que terminar esto —le digo, y pongo una carpeta encima para tapar los dibujos.

—Claro, claro —dice de pronto, saliendo de esa especie de trance en la que había caído mientras deliraba sobre la mancha—. Perdona, te dejo seguir con lo tuyo. No cerramos hasta las once. —Ladea la cabeza, sonríe de nuevo—. Aunque creo que ya lo sabes.

Levanto la mano para despedirme, sin siquiera mirarlo. Creo que se da la vuelta y se marcha. En mi universo ya solo existe mi plano, la escuadra y el cartabón.

Me quedo en la cafetería hasta poco antes de cerrar y sigo haciendo líneas rectilíneas, tal y como me enseñaron en la escuela de arquitectura, tal y como debe ser.

Tal y como le gusta a Derek.

Sobre las once enrollo mis planos y me levanto para volver a la oficina; seguro que Derek ya se ha marchado y podré trabajar en paz, sin tenerlo todo el rato mirando por encima de mi hombro y comentando cada raya que dibujo.

El camarero me mira desde la barra y sonríe, saludándome con la fregona en la mano mientras su compañera va poniendo las sillas boca abajo sobre las mesas.

Al salir, me doy cuenta de que todavía llevo en la mano el vaso de café que me dio al llegar. Releo su frase cursi sobre la vida y, en un momento de debilidad, lo aprieto un momento contra el pecho.

«Lo importante en la vida no es el destino, sino las curvas del camino.»

—Menuda tontería —murmuro, y lo tiro a la papelera que hay a la salida.

Luego salgo sin mirar atrás, alisándome el pelo con la mano y dispuesta a comerme el mundo.

Lee *Amor en construcción:*

https://mybook.to/amorenconstruccion

HISTORIAS DE AMOR Y CAFÉ
Amor a pie de página
Amor en construcción
Mi compañero de piso imperfecto

Nota de la Autora

Confieso: llevaba años fantaseando con escribir estas nuevas novelas. Soñaba con algo fresco y divertido, aunque, por otra parte, me aterraba la idea del cambio. Como autora de historias de fantasía, este libro ha sido un giro bastante grande... pero uno que tenía pendiente.

Este libro en concreto nació a raíz de un paseo por Barcelona, durante el que descubrí una librería construida dentro de una antigua iglesia. Obviamente, aquella no tiene nada que ver con La Catedral Azul sobre la que has podido leer aquí, pero aquello me inspiró a investigar más, y así descubrí que existen muchas más librerías sitas en iglesias y catedrales por toda Europa (te animo a buscar fotos por internet; hay sitios increíbles y ahora yo también sueño con hacer ese viaje que planean Klara y Gabriel en el epílogo).

La idea de una librería única y con solera dio vida a Gabriel, mi librero testarudo y anticuado... pero adorable. Un hombre tan solitario necesitaba un compañero fiel, y así surgió Kafka, el conejo devorador de cables y zanahorias. La inspiración, en este caso, procede de mi gato blanco, Katniss (sí, como la protagonista de *Los Juegos del Hambre*), sobre la cual decimos en casa que no tiene mandíbulas, sino "mordíbulas" porque no para de morderlo todo (seguramente, este chiste no tiene gracia para nadie más, pero nosotros siempre nos reímos al decirlo).

Kieran fue, por razones obvias, el personaje más divertido de idear y de escribir. Siempre me ha interesado el mundo de la ecología y la sostenibilidad, pero soy consciente de que la línea entre ser responsable y volverse loco de remate es tremendamente fina. Es bastante fácil dejarse llevar y llegar a extremos bastante cómicos (¿cósmicos?). Obviamente, la mayoría de la gente es cabal y honrada, y se esfuerza por ayudar al planeta. Espero que nadie se tome este libro como una crítica, porque no lo es: es simplemente una novela de humor, hecha con cariño por alguien que conoce desde dentro los entresijos del veganismo y la vida campestre. Por suerte, la mayoría de veganos reales no son son como Kieran; este personaje es una parodia y una exageración (y no existe, que yo sepa). Pero hay suficiente material en la vida real como para crear a un personaje así, si jugamos un poco a "monta tu propio Frankenstein". Ya sabes lo que dicen: a veces la realidad supera a la ficción...

En fin, me alegra muchísimo poder presentarte mi primer libro "oficial" de comedia romántica (digo *oficial* porque había escrito ya varias historias absurdas y cómicas, pero no están publicadas). Siempre he adorado las historias que mezclan amor y humor, y suelo reírme muchísimo cuando una historia se complica con situaciones absurdas e inesperadas. Soy una fan absoluta de libros que te arrancan una sonrisa y que te permiten olvidarte de la rutina, al estilo de los diarios de Bridget Jones o las novelas de Sophie Kinsella o Marian Keyes. Las novelas del género "chick-lit" me han regalado miles de horas de risas y buena compañía, y siempre soñé con embarcarme en este género ligero y divertido para poder hacer a mis lectoras reír, enamorarse y desconectar, igual que hago yo con estas autoras a las que tanto admiro.

Me gustaría comentar que este libro es parte de la Historias de Amor y Café, y aunque sea "el primero" por orden de lista, no fue el primero que escribí. No: el primero fue *Amor en construcción,* en el que la protagonista es una arquitecta (tema sobre el que también podría escribir un buen rato, y lo haré, ¡pero no aquí!).

Creo que muchas de mis lectoras apreciarán también estas historias más ligeras y divertidas, aunque no tengan seres paranormales ni hechizos. Al final, el estilo de cada autor siempre termina saliendo a flote, y todas las historias llevan ese toque mágico y personal propio de cada uno.

Mi consejo para ti, (y para mí) es que recuerdes que la vida es corta, y que hay que aprovechar cualquier ocasión que surja para reír y pasar un buen rato. También para reírnos de nosotros mismos, si se puede.

Espero haberte hecho reír con esta historia, o al menos evadirte del día a día, aunque sea solo por unas horas. También te invito a leer la siguiente.

Con amor, libros... y zanahorias,

Carpe diem, y "Carpi" Café.

Eva Alton.

Si te gusta lo que escribo, eres bienvenida/o a mi grupo de lectores. También puedes suscribirte a mi lista de correo para recibir noticias y ofertas especiales.

Grupo de lectores en Facebook:
https://www.facebook.com/groups/evaalton

Lista de correo:
https://subscribepage.io/evaaltonemail

PD: Te invito también a leer mis otros libros:

- Serie *Los Vampiros de Emberbury*: empieza con **La bruja extraviada** (también hay un pack de 4 libros titulado **Los Vampiros de Emberbury).**
- Serie *Serenata Nocturna*: empieza con Iris y continúa con **Selena, Luna de lobos.**
- Fantasía histórica: **Notas Ocultas**, una novela que entrelaza la Guerra Civil con fantasmas, viajes por Europa y un tesoro perdido.

Agradecimientos

Quiero dar las gracias de corazón a quienes me animaron a publicar esta historia, aunque sea un cambio total respecto a mis otros libros de fantasía.

En primer lugar y siempre, a Riccardo, que sabe mejor que nadie qué ganas tenía de saltar a este género, y fue el primero en leer esta historia y animarme a terminarla.

A Bori, que lleva unos cuatro años enviándome mensajes casi a diario, preguntando si ya he empezado a escribir alguna historia de comedia. Gracias por compartir en tiempo real cada carcajada que te sacó Kieran, sus taparrabos con berenjenas, y todo lo demás.

También a Patri y Andrea: gracias por empujarme fuera de mi zona de confort, por leer la primera versión de este libro, por añadir partes que a mí se me habrían pasado por alto y por convencerme de que había que publicarlo, sí o sí.

A Helen, la reina de las frases con doble sentido y del maravilloso humor inglés, por sus ideas siempre simpáticas y originales.

Y, por supuesto, gracias infinitas a vosotras, mis lectoras: Anna, Marga, Beatriz, y todas las demás que habéis estado a mi lado de una manera o de otra: leyendo, comentando, dando consejos...

Gracias a quienes estáis en mi grupo de lectoras en Facebook, a quienes me seguís en las redes y a quienes leéis mis emails semanales.

Sin vosotras, no habría historias que compartir.

Sin vosotras, no tendría a nadie que leyera estos libros.

Sin vosotras, no se habrían escrito.

Por todo eso, os doy las gracias.

Bienvenidos todos al Carpi Café.

Un regalo para mis lectores

Te invito a leer **gratis** *Amor en el apagón,*

Una historia romántica exclusiva solo para
suscriptores del club VIP de Eva Alton.

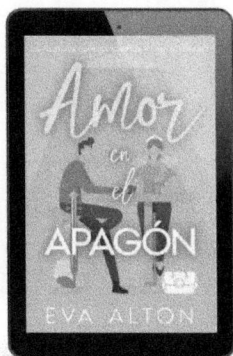

*Una noche oscura y un apagón en Barcelona llevan
a Sophie y David a encontrarse en el Carpi Café.*

*Lo que empieza como una pausa tranquila se
convierte en una chispa de amor inesperada.*

Únete al club VIP y recibe
***Amor en el apagón* gratis.**

https://subscribepage.io/evaaltonemail

HISTORIAS DE AMOR Y CAFÉ – LIBRO 1

Milton Keynes UK
Ingram Content Group UK Ltd.
UKHW041948291124
451915UK00001B/25